초보자도 성공하는

# 펀드 재테크 100% 활용법

초보자도 성공하는

# 펀드 재테크 100% 활용법

김동범 지음

중앙경제평론사

**프롤로그**

# 적립식펀드와 변액보험으로 목돈 만들기

글로벌 금융위기 및 경기침체에 따른 가계자금의 투자여력 감소 영향 등으로 한동안 주춤했던 적립식펀드가 최근 저성장·저금리 시대에 따른 금융 소비자의 재산형성을 돕기 위해 정부에서 적극 추진한 ISA(개인종합자산관리) 계좌 및 해외펀드 등 세테크 펀드의 도입과 맞물려 활성화 국면에 접어들면서 다시금 큰 인기를 끌고 있다.

특히 은행예금 금리가 저금리 기조로 계속 진행되어 가는 추세다 보니 예금과 적금으로는 실속 있는 재테크를 기대하기가 어려워졌다. 장기적으로 안전하게 수익을 낼 수 있는 투자수단을 선호하는 경향이 강해짐에 따라 적립식펀드를 재테크 포트폴리오에 적극 포함시키려는 투자자들이 급격히 증가하고 있다. 또한 펀드의 일종인 변액보험이 예금자보호법 개정으로 예금자보호 대상에 신규 편입되어 5,000만 원까지 예금자보호가 됨에 따라 미래 금융자산의 안전한 관리를 원하는 소비자들의 가입이 점차 크게 늘어나고 있는 추세이다. 바야흐로 본격적으로 중장기 재테크의 황제인 펀드투자 시대가 열리고 있는 것이다.

경제의 회복세가 미미하고 금융시장의 변동성이 확대되어 주가지수가 계속 박스권에 머무르는 저성장·저금리 시대에는 세테크·재테크 혜안을 길러 자산을 장기적 안목에서 다양한 방향으로 분산투자하여 포트폴리오를 구성할 필요가 있는데 이에 가장 적합한 상품이 실적배당형 간접투자상품인 펀드이다. 특히 일반인들에게는 목돈이 들어가는 거치식펀드보다는 매월 적은 돈으로도 얼마든지 투자가 가능한 적립식펀드와 변액보험 등 간접투자상품이 최적의 중장기투자 대상이라 할 수 있다.

힘들게 번 소중한 내 돈을 조금이라도 더 큰 목돈으로 만들기 위해서는 안정되게 고수익을 실현해 주는 펀드를 올바로 잘 골라 가입하는 것이 상책이다. 펀드에 투자하는 가장 큰 이유는 목적자금을 빠른 시일 내에 마련하도록 재테크 듀레이션(Financial Duration)을 보다 짧게 가져갈 수 있는 최적의 재테크 수단이면서 생애종합재무설계 차원에서 삶의 질 향상과 인생재테크 완성이라는 명제를 해결해 나가는 데 있어서 안성맞춤의 상품이기 때문이다.

그런데 펀드 종류도, 판매사도, 판매자도 너무 많아서 어떤 상품을 어느 곳에서 누구에게 어떻게 가입해야 투자리스크를 헤지해 나가면서 알토란 같은 재테크가 이루어질 수 있는가가 현안 문제이다. 펀드는 수익이 보장되는 확정금리형이 아닌 실적배당형이고, 투자의 속성상 주식편입비율이 높은 펀드를 선호하므로 변동성이 심하다. 특히 투자리스크는 모두 가입자에게 귀속되어 현재 수익률이 양호하다고 해서 섣불리 가입하면 낭패를 볼 수 있으므로 가입하는 펀드수익률을 더욱 크게 올리기 위한 방법론을 찾아야만 투자리스크를 줄이면서 보다 쉽게 목표자금을 달성할 수 있다.

저축과 투자 시 가장 중요한 3요소는 안전성, 환금성과 더불어 시드머니의 미래가치인 수익성이다. 그래서 누구나 한 푼이라도 더 수익성이 높다고 판단되는 상품을 골라 가입한다. 내가 가입하는 펀드가 어느 정도의 수익을 낼 수 있는지 살펴보면서 투자수익에 방점을 두고 선택해야 한다. 펀드 가입자에게 가장 중요한 투자 어젠더는 수익률이고, 실천지향점은 투자로드맵이다. 그러나 아무리 좋은 옷도 자신에게 맞지 않으면 무용지물이듯이 펀드 또한 다른 사람들이 좋다고 해서 덥석 가입해선 안 된다. 자신의 투자성향이나 재무 플래닝과 맞아야 한다. 그렇지 않으면 투자수익에 대한 만족은커녕 자칫 계륵과 같이 전락하게 된다.

펀드투자의 성공열쇠는 다양한 펀드 중에서 어떻게 옥석을 가려 투자목적에 맞는 최적의 상품을 고르는가에 달려 있다. 단순히 상품 형태 및 구조와 현재 수익률만이 아닌 미래가치의 수익률을 올리는 데 변수로 작용하는 펀드의 내면 깊숙이 자리한 장점과 단점까지 속속들이 알고 나서 자신의 투자성향에 맞는 상품을 골라야 한다.

어디가 취약한지 냉철히 분석한 다음 먼저 이를 해결할 방법과 대안을 모색하면서 그 토대 위에 장점을 살려 시너지를 창출시켜 나가야 펀드투자의 결실이 올바로 영글게 된다. 주가하락, 펀드기준가 하락, 환급금 저조, 환매 문제, 사업비 부과 문제, 판매수수료 부과 문제 등 걸림돌이 발생했을 때 펀드 케어를 유효적절하게 하면서 슬기롭게 대처해 나가야 목적자금을 조기에 마련할 수 있다.

중기상품인 적립식펀드와 장기상품인 변액보험은 똑같이 펀드로 운용되는 간접투자상품임에도 불구하고 상품의 구성내용과 성격이 매우 다르다. 변액보험은 펀드와 보험, 은행상품을 복합적으로 아우른 퓨전형 다목적 상품이기 때문에 적립식펀드보다 훨씬 복잡하고 난해하다. 투자수익률을 올리는 데 디딤돌 역할을 하는 요소도 많지만 반대로 걸림돌이 되는 요소도 있다. 그런데 무엇을 어떻게 알고 가입해야 수익률 제고에 보탬이 되는지 일반 사람들은 잘 알지 못한다. 전문가들도 속속들이 파고들기에는 역부족인 경우가 많다. 따라서 상품을 먼저 이해한 다음 자신의 투자궁합과 가장 부합되는 상품으로 방점을 찍고 나서 불이익으로 다가오는 단점을 커버하고 장점을 살릴 수 있도록 펀드의 속성을 파악하고, 더불어 좋은 펀드를 정확하게 진단할 수 있는 능력과 심미안을 길러야 한다.

필자가 이 책을 내게 된 동기는 펀드투자를 잘해 큰돈을 벌어 적기에 목적자금을 달성하도록 디딤돌을 제공해 주기 위해서이다. 펀드의 쌍두마차인 적립식펀드와 변액보험에 깊이 숨어 있는 상품의 내면과 이면을 분석해 성공투자의 비밀열쇠를 만들어 투자자들이 올바로 투자의 문을 따고 들어가 보다 쉽게 목돈을 마련할 수 있도록 하기 위해 이 책을 준비했다.

적립식펀드와 변액보험(변액유니버설보험, 변액연금보험, 변액종신보험 등)으로 보다 높은 수익을 올릴 수 있도록 속속들이 파헤치면서 솔루션과 로드맵을 제시하고 모든 투자비법을 세부적으로 다루었으므로 펀드 실전 지침서로서 손색이 없을 것이다.

이 책을 잘 익혀 실전에 적극 활용하면 적립식펀드와 변액보험에 투자한 종자돈이 목표기간 내에 큰 가치를 발휘하여 알찬 결실로 다가올 것이다. 이 책을 통해 독자들이 투자 실속을 알뜰히 챙겨 시드머니의 미래가치가 점점 더 늘어나 목적자금이 불어나고 큰 목돈으로 갈무리하여 만족감을 듬뿍 맛보길 기대한다.

**김동범**

차 례

## 2장 좋은 펀드 고르는 법



## 3장 펀드로 목돈 만들기

## 4장 변액보험으로 목돈 만들기

5장

# 펀드투자 성공 위해 반드시 알아야 할 것들

• 1장 •

# 펀드투자 길 닦기

투자는 학문이 아니고
피나는 훈련 끝에 이루어지는 결과물이다.
투자에 성공하려면 투자에 미쳐야 한다.

\- 제럴드 로브

## 재테크달걀은 한 바구니에 담아라

지금 당신 앞에 날달걀이 수북하게 놓여 있고 그 옆에 바구니가 여러 개 있다. 달걀은 한 바구니에 수북하게 담을 수 있을 정도의 분량이다. 달걀을 잘 운반하려고 할 때 바구니마다 달걀을 따로 담겠는가? 아니면 한 바구니에 모두 다 담겠는가?

아마도 대부분의 사람들이 "날달걀을 함께 담으면 부딪혀 깨질 위험이 많으므로 당연히 따로따로 담아야 한다"고 말할 것이다. 그런데 요즘은 달걀판에 많은 양의 달걀이 들어가도록 틀이 잘 만들어져 있어서 얼마든지 더 효율적으로 차곡차곡 쌓을 수 있고 운반과 보관에도 매우 효과적이다. 이렇듯 재테크도 패러다임을 전환해야 한다. 몰빵식의 직접·집중투자보다는 잘 만들어진 재테크바구니에 많은 자산을 담아서 보다 효율적으로 분산관리하여 시너지효과를 듬뿍 맛볼 수 있는 투자방법론을 찾아야 한다.

재테크를 할 때 투자위험은 줄이고 수익률은 높여 우수한 투자성과(Track Record)를 달성하는 가장 바람직한 방법 중 하나는 바로 분산투자를 하는 것이다. 가계자산을 어느 한곳에만 집중적으로 투자하면 위험하기 때문에 자산을 효율적으로 분리하여 투자해야만 어느 한쪽이 불가항력으로 손실을 입어도 다른 곳에 투자한 것으로 만회할 수 있다. 바로 이것이 간접투자상품인 적립식펀드를 하는 기본 원리이고 이유이다.

간접투자는 달걀을 선택한 바구니에 가득 담되 그 안에서 분산하여 효율적으로 관리하는 방법이다. 투자금의 집합체인 적립식펀드는 다양한 우량주식들로 포트폴리오를 구성하므로 저절로 분산투자 효과를 발휘한다. 어느 한 종목에 집중하여 투자하는 직접투자방식은 위험부담이 너무 크므로 선진국에서는 투자리스크 헤지(Hedge) 기능이 있는 간접투자를 더 선호한다.

달걀을 집중해서 가득 담되 깨지지 않는 그릇을 '간접투자'라 한다면, 달걀판에 칸마다 분산하여 잘 놓여 있는 달걀은 바로 '펀드종목'이다. 좀 더 세부적으로 들어가면 그 펀드종목 안에 있는 선택된 벤치마크(Bench Mark)가 초과수익을 달성하게 해주는 우량종목들이다. 즉, 펀드 자체가 이미 여러 주식에 분산투자되도록 잘 설계되어 있다. 투자하는 펀드마다 보유주식 종목 수가 우량종목을 선정해 운용하므로 일시적인 주식시장의 변동성(Volatility)에도 능히 대처할 수 있도록 포트폴리오(Portfolio) 구성이 잘 이루어져 있다.

미국의 문학가로서 주식투자에 남달리 관심이 많았던 마크 트

웨인(Mark Twain)은 "바보는 모든 달걀을 한 바구니에 담지 말라고 한다. 그 말은 당신의 돈과 관심을 분산시키라고 말하는 것과 다름없다. 하지만 현명한 사람은 달걀을 한 바구니에 담고 난 다음 그 바구니를 잘 지켜보라고 말한다"고 했다. 실전 경험을 토대로 한 그의 말을 새길 필요가 있다.

## 간접투자를 해야 하는 이유

초행길이지만 반드시 제시간에 도착해야 하는 경우에 내비게이션에 의존해 자가용을 몰고 가는 것이 나을까? 아니면 택시를 타고 가는 게 나을까?

가까운 거리라면 택시를 타야 하고, 먼 길이라면 기차 또는 비행기를 타고 가는 것이 제시간에 도착하는 가장 효율적인 방법이다. 자가용을 직접 몰고 가는 것을 '직접투자'라 한다면 전문가인 운전사의 힘을 빌려 원하는 목적지까지 가는 것이 바로 '간접투자' 방식이다. 비록 약간의 비용을 지불하더라도 동선을 따라서 제시간에 원하는 목적지까지 자기의 일을 보면서 편하게 가려면 전문가의 도움을 받는 편이 훨씬 경제적이다.

독일의 경제 문학가인 보도 섀퍼(Bodo Schäfer)는 "펀드는 부자 나라로 가는 비행기의 자동조종장치와 같다. 직접투자에 쏟을 시간이 없다면 간접투자를 선택하라"고 갈파했다. 왜 간접투자를 해야 하는지 잘 대변해 주는 말이다.

세상 이치는 동전의 앞뒷면과 같아서 음과 양이 서로 어우러지게 마련이다. 직접투자는 리스크가 크지만 그만큼 보상도 높아서(High Risk & High Return) 잘 운용해 나가면 간접투자하는 경우보다 더 높은 수익을 낼 수 있다. 그러나 주가의 변동성이 심할 경우에는 간접투자하는 경우보다 훨씬 손해의 폭이 크다. 자칫 이자는커녕 원금까지도 날릴 고위험이 상존한다. 그래서 요즈음 재테크 투자자들은 직접투자보다 간접투자를 하는 추세로 가고 있다. 수익을 더 올리려고 직접 투자하지만 그에 대한 반대급부로 리스크가 커 투자성공 확률이 낮기 때문에 상대적으로 안전하고 성공확률도 높은 간접투자방식을 더 선호하는 것이다.

주식투자의 기본은 투자원칙을 지키면서 블래시(BLASH : Buy Low And Sell High) 전략을 펼치는 것인데, 이는 주가가 쌀 때 사서 유지하고 있다가 비쌀 때 파는 주식의 매입보유전략이다. 주식을 살 때는 신중하게, 팔 때는 단호하게 하라는 투자전략인데 이게 어디 말처럼 쉽게 되는가? 만일 언제가 저점이며 언제가 고점인지를 정확히 예측할 수만 있다면 누구나 주식투자해서 떼돈을 벌 수 있을 것이다.

또한 'Buy High And Sell Higher', 즉 비쌀 때 사서 더 비쌀 때 팔라고 권하는 투자전략도 있다. 그러나 직업적으로 주가의 흐름을 늘 관찰하고 연구하는 애널리스트 등 증권분석전문가가 아닌 이상 이것은 실천하기 힘들다. 아니, 전문가들도 정확한 주식

예측은 불가능하다. 오히려 시장 트렌드에 어긋나는 판단을 하여 공수표가 되는 경우가 다분하다.

### 장기투자는 적립식·분산투자가 유리

경제학자인 폴 새뮤얼슨(Paul Anthony Samuelson)은 "도박판이나 경마장, 증권사 객장에서 부자가 되기는 힘들다"고 말했는데 이는 직접 주식에 투자해서 돈을 벌기가 힘들다는 것을 의미한다. 기관투자자나 외국인투자자 등 전문적인 직업투자자가 아닌 개인은 직접투자를 해서 큰 재미를 보기가 매우 힘들다. 실제로 개인투자자들의 주식투자 성공률은 5%, 큰 이익을 볼 확률은 0.1%밖에 안 된다고 한다.

애널리스트들도 자기 돈으로 주식에 직접 투자해서 장기적으로 돈 벌 확률은 그리 많지 않다. 그래서 월 스트리트의 살아 있는 전설로 불리는 펀드매니저 존 템플턴(John Templeton)이 "투자자들이 아무리 조심하고 연구를 많이 한다고 해도 미래를 예측하거나 조종할 수는 없으므로 분산투자를 하는 것이 가장 바람직한 투자전략이다"라고 말한 것이다.

분산투자의 목적은 투자한 자산을 안정적으로 운용하면서 손실위험은 최소화하고 수익을 극대화시켜 나가는 데 있다. 각 투자대상의 비중과 투자기간을 미리 설정하고 위험을 분산하는 포트폴리오 투자가 필요하다. 자신이 위험을 무릅쓰고 직접투자를 해

단기적으로 돈을 벌려고 집착하지 말고 멀리 내다보면서 한 걸음 한 걸음 성공투자를 향한 다리를 놓아 나가야 한다. 우리나라의 주식시장은 불안정한 대내외적인 변수로 인해 변동성(Volatility)이 유달리 많으므로 개인투자자가 직접투자를 하기는 쉽지 않다는 것이 일반적으로 공통된 견해이다.

### 변동장세에서는 거치식보다는 적립식투자

장기 저금리·저성장 시대를 맞이하여 세계 증시와 국내 증시 모두 변동성이 확대되는 국면을 보이고 있다. 이런 때는 간접투자 방법 중에서도 거치식보다는 적립식투자가 더 유리할 수 있다. 거치식펀드는 주가지수가 계속 상승할 것이라는 확신이 있을 때 유리한 반면 적립식펀드는 주식시장이 변동성이 있는 불확실한 미래에 대해서도 리스크를 헤지해 나갈 수 있는 최적의 투자방법이다.

앞으로의 시장 전망이 불투명한 만큼 리스크 관리 차원에서 분산투자하고 투자 시점도 분산하는 적립식펀드 투자가 가장 바람직하다. 적립식펀드 투자를 통해 자연스럽게 분할매수전략을 사용하여 양질의 좋은 펀드종목을 저가에 매입하여 고수익을 창출할 수 있다. 적립식펀드는 3년 이상 장기투자로 진행될수록 안정적인 수익창출 가능성이 높아지는 특징이 있다.

일시적인 주식의 하락과 상승 국면에 일희일비하지 말고 일관성 있게 투자 목적의식을 갖고 간접투자원칙을 지키면서 장기투자의 길로 나가는 것이 안정적으로 고수익을 올리는 최선의 방법이다.

### 직접투자 VS 간접투자 시 리스크 비교 분석

| 구분 | 직접투자방식 (유가증권) | 간접투자방식 | | | 은행상품 (예금, 적금) |
|---|---|---|---|---|---|
| | | 적립식투자 (적립식펀드) | 거치식투자 (거치식펀드) | 보험투자상품 (변액보험) | |
| 투자위험도 | 높음 | 보통 | 약간 높음 | 보통 (가입 초기 높음) | 매우 낮음 |
| 시장위험성 | 높음 | 낮음 | 보통 | 낮음 | 거의 없음 |
| 투자성공 확률 | 낮음 (불확실성 내재) | 중장기투자 시 높음 | 단기투자 시 높음 | 장기투자 시 높음 | 매우 높음 |
| 개별 종목 위험성 | 높음 (채권은 낮음) | 낮음 | 보통 | 낮음 | 거의 없음 (원금보존) |
| 기대이익 수준 | 고수익 | 안정수익 | 고수익 | 안정수익 | 저수익 |
| 이익배당방식 | 실적배당 | 실적배당 | 실적배당 | 실적배당 | 확정배당 |
| 투자기간 | 단기 | 중기 | 중단기 | 최장기 | 중단기 |
| 투자대상 | 주로 주식, 실물자산 | 펀드 운용 | 펀드 운용 | 펀드 운용, 보험 설계 | 주로 채권 |
| 재테크 장점 | 수익성 | 수익성, 안전성 | 수익성 | 안전성, 보장성 | 안전성, 환금성 |
| 지출비용 규모 | 작음 | 큼(기간경과 시 더 큼) | 큼(정액선취 방식 적용) | 매우 큼(기간 경과 시 작아짐) | 거의 없음 |
| 자금 운용 체크 | 정기점검 필요 | 정기점검 필요 | 정기점검 필요 | 정기점검 필요 | 불필요 |
| 투자자의 재테크 리스크 | 정보·분석력 부재, 마켓타이밍 능력 부족으로 성공 확률 저조 | 장기투자 시 수수료 후취 적용으로 불리. 중도환매 시 수수료 지불 | 코스트 애버리징 효과 미발생으로 펀드변동성 시 위험 회피 곤란 | 보험 특성상 사업비 및 위험보험료 발생으로 가입 초기 중도해지 시 원금손실 | 이자소득세 과세로 실질적인 수혜 폭이 적음. 장기투자 시 수익률 저조 |
| | 원금손실 위험 | 좌동 | 좌동 | 좌동 | - |

## 직접투자 VS 간접투자 방식의 차이점

| 구 분 | 직접투자 | 간접투자 |
|---|---|---|
| 투자목적 | 목적자금마련기간 내 Cash Value 증가 | |
| 투자자금 | 소액의 개별 개인자금 | 소액이 뭉친 거액의 공동자금 |
| 운용 주체 | 투자자 본인 | 자산운용전문인력(펀드매니저) |
| 투자방법 | 본인 직접투자<br>(더 많은 수익 안겨줄 상품 직접 선택) | 운용사 통해 더 많은 수익 안겨줄 금융사와<br>상품 선택-내재가치 투자방법 |
| 투자<br>포트폴리오 방식 | 소수 종목에 집중투자-단기목적자금<br>마련 수단으로 주로 활용 | 다수 종목 및 유형에 분산투자-위험관리<br>강화된 투자방법 |
| 투자 판단 | 개별 종목별 상황에 따라 판단<br>(본인 책임) | 시장 전체의 상황과 위험을 고려해 판단<br>(본인 책임) |
| 투자성공 확률 | 목적기간까지 주식투자 시 5% 이내 | 목적기간까지 펀드투자 시 성공 확률 높음 |
| 투자의 경제성 | 투자한 돈과 시간 대비 비효율적 | 투자한 돈과 시간 대비 효율적 |
| 투자 기대효과 | 강세장에서 적기 이익실현 효과 | 분산투자 효과 목적 |
| 거래비용 | 소액거래(개별투자)이므로 수수료 높음,<br>기관보다 다소 높을 수 있으나<br>별도의 운용보수 없음 | 거액거래(펀드조성)이므로 수수료 낮음,<br>유가증권의 거래비용은 낮으나<br>운용 관련 신탁보수 지급 |
| 위험관리 | 일부 종목에 집중 투자하므로<br>위험관리 취약 | 다수 종목에 투자하므로 비체계적<br>위험관리는 물론 체계적 위험관리도 가능 |
| 환매방법 | 언제든지 환매 가능,<br>매수자 없을 때 저가 매도 | 언제든지 환매 가능,<br>목적자금 달성 시점에 적기 환매 |
| 세금 문제 | 매매차익 비과세, 이자소득과<br>배당소득 부담, 매도 시 증권거래세 부담 | 매매차익 비과세,<br>이자소득과 배당소득 부담 |
| 투자 대상자 | 전문투자자(투자 노하우가 구축된 전문가,<br>재테크 방면에서 일하고 있는 전문 직업인) | 일반투자자(투자 노하우가 부족한 초보,<br>본업에 전념하며 수익 올리려는 일반인) |
| 투자지식 | 경제변수와 각종 경제지표,<br>트렌드, 투자상품 구조의 분석·파악 시<br>전문가 수준의 지식 필요 | 경제 전반에 대한 일반적이면서<br>개괄적인 지식과 투자상품별 내용 이해 및<br>투자수익률 분석 필요 |

## 펀드 성공 투자자들의 다섯 가지 공통점

### 1. 분산투자와 장기가치투자를 한다

노벨경제학상을 수상한 미국의 경제학자 로버트 제임스 실러(Robert James Shiller)는 "주식은 분산투자가 원칙이므로 주식뿐만 아니라 채권과 파생상품 등으로 다변화해야 한다"고 말했고, 주식투자의 황제라 불리는 워런 버핏(Warren Buffett)도 "모든 달걀을 한 바구니에 담지 말고 분산하라"고 말했다.

워런 버핏, 월터 슐로스, 필립 캐럿, 피터 린치, 존 네프, 마이클 프라이스, 맥스 하인, 조지 소로스 등 펀드투자로 성공한 세계 최고 사업가들의 공통점은 분산투자와 장기가치투자이다. 펀드는 여기에 적립식투자를 덧붙인다.

적립식펀드로 투자수익률(ROI : Return On Investment)을 안정되게 올리려면 장기가치투자가 이루어져야 한다. 단기간 수익률에 일희일비하지 말고, 물고기가 입질할 때까지 기다리는 강태공처럼 시드머니(Seed Money)를 불려 나가 목적자금을 마련할 때까지 잘 살펴보는 슬기와 도량을 가져야 한다. 확실한 목적의식과 긴 안목을 갖고 꼼꼼한 분석과 냉철한 판단으로 추진해 나가야 한다. 이 경우 펀드에 대한 복합적인 분석과 이해가 선행되어야 한다. 금융상품은 투자한 시간의 가치와 돈의 가치, 공들인 노력의 가치 등 삼박자가 맞아 시너지를 발휘해야만 고수익을 올릴 수 있다.

## 2. 펀드 지식이 해박하고 꼼꼼히 분석한다

미국 월스트리트 역사상 가장 위대한 투자자로 일컬어지는 제시 리버모어(Jesse Livermore)가 "투자 성공을 위해서는 반드시 투자 내공을 쌓아 직감력을 길러야 한다"고 말했듯 펀드투자로 성공하기 위해서는 우선 펀드 지식을 익혀 펀드 내공을 쌓아야 한다.

펀드투자에 실패하는 사람들의 공통점은 바로 간접투자상품에 대한 지식 및 이해 부족과 함께 가입할 때 꼼꼼히 따져보지 않고 판매사가 설명해 주는 대로 수익이 많이 날 것 같다고 지레짐작하면서 대충 가입한다. 그러나 성공투자자들은 모르면 그냥 대충 넘어가지 않고 꼬치꼬치 캐물어 완전히 이해하고 난 다음 가입한다.

워런 버핏은 "투자는 배움과 같다. 글로 써보는 것만큼 자신의 사고를 바로잡는 방법도 없다"고 말했다. 펀드 운용 상황, 펀드 유형, 펀드 규모, 운용성과(수익률), 운용전문인력 현황, 운용 옵션 등 가입하고자 하는 펀드상품의 질과 운용사의 전반적인 운용성과 등을 종합적으로 꼼꼼히 체크한 다음 신중하게 선택하는 것이 바람직하다.

### 3. 성공할 수 있다는 자기확신을 갖고 있다

펀드투자의 대부로 추앙받는 세계적인 투자의 귀재 앙드레 코스톨라니(Andre Kostolany)가 "훌륭한 투자자가 되려면 지식, 열정, 냉철함, 직관력, 인내심을 갖춰라. 그런 후 확신을 갖고 가능성을 충분히 예견할 수 있을 경우에만 사라"고 말했듯이 펀드투자 성공의 열쇠는 무엇보다도 펀드인프라를 구축한 이후의 자기확신이라고 성공투자자들은 갈파한다. 여기서 '확신'은 사전에 펀드투자에 대한 학습을 통해 얻어진 자신감이지 노력도 않고 단지 과욕만 앞서는 자만이 아니다. 자만심에 사로잡힌 투자는 절대 금물이다.

### 4. 리스크 관리를 최우선으로 한다

펀드투자에 성공한 사람들의 공통점은 고위험·고수익 상품이라고 무조건 선호하지 않는다는 것이다. 고위험 상품을 구매할 때는 리스크 관리를 최우선으로 고려하여 배팅걸듯 하지 않고 꼼꼼히 살펴본다. 투자리스크가 어느 때 발생하는지 예의 주시하면서 체크한 후 자신이 리스크를 충분히 감당할 수 있다고 판단되었을 때에만 투자하고 수익률을 따진다. 판매직원의 권유에 덜컥 가입하는 일은 없으며 펀드 하나에 가입하더라도 펀드 간 수익률 편차가 적은 운용사인지, 운용 규모가 어떤지, 펀드매니저는 누구인지, 신탁보수는 몇 %인지, 가입시기가 적절한지 등을 점검한다.

펀드를 선택할 때는 성공투자자들의 자세를 본받아 투자위험의 진폭을 미리 알고 수익률 제고에 걸림돌로 작용하는 위험요소를 파악하면서 사전에 위험관리지표를 통해 이에 대처해 나가는 관리기술이 필요하다. 리스크가 발생할 경우 우왕좌왕하지 말고 슬기롭게 대처해 나가는 지혜를 발휘한다. "투자자는 팔면서 돈을 버는 것이 아니라 사면서 돈을 번다. 투자란 처음부터 고정적인 수익을 보장하는 것이어야 한다"는 보도 섀퍼의 말의 의미를 새겨둘 필요가 있다.

### 5. 결정은 신중히, 선택은 과감히 한다

돈을 많이 버는 사람들의 공통점은 시작과 끝맺음을 매우 중요시한다는 것이다. 시작은 햄릿 형식으로 여기저기 자로 재보면서 매우 신중히 투자대상을 물색하고, 일단 마음에 들었다면 돈키호테 형식으로 과감하게 결정해 선택한다는 것인데 이는 부자로 성공 반열에 오른 사람들의 공통된 투자방식이다.

펀드를 선택할 때에도 평소 자료를 수집해 나가면서 꼼꼼하게 여기저기 살펴보고 난 후 자신이 목표한 자금마련 계획과 부합되는 상품이라면 결단을 내리고, 그 이후에는 스스로 책임을 지고 관리해 나가는 행동력이 필요하다. 펀드투자로 성공한 사람들의 투자방식에 빙의하여 신속한 결정을 내리고 난 다음에는 자신이 결정한 바대로 펀드가 잘 운용되고 기대수익이 형성되어 가는지 지속적으로 관찰하고 노력해야 한다.

## 적립식펀드 투자의 진짜 묘미

### 투자원칙 3요소에 가장 적합한 적립식펀드

펀드는 효율적인 투자원칙의 3요소인 ① 장기가치투자, ② 분산투자, ③ 적립식투자에 가장 적합한 상품이다. 적립식펀드는 이 투자원칙의 3요소를 모두 갖춘 상품이다. 적립식펀드 투자의 가장 큰 장점은 매월 정기적으로 매입하는 펀드매입비용에 대한 분산투자 효과(Diversification Effect)인데 이는 기본적으로 장기투자를 전제로 가입해야 투자리스크가 상쇄되어 투자수익률을 제고시킬 수 있다. 적립식투자는 주가가 떨어져서 평균매입단가가 떨어지면 거치식투자보다 더 높은 수익을 올릴 수 있다.

지금 현금 600만 원 있는데 주식에 투자하려 한다. 그래서 A주식을 샀다. 우선 거치식으로 몰빵투자를 해서 주식을 샀다. 이때 A주식이 4월에는 주당 10,000원으로 마감을 하고, 5월에는 12,000원, 6월에는 8,000원, 7월에는 9,000원, 8월에는 11,000원, 9월에는 10,000원에 마감했다고 하자. A주식을 4월에 한꺼번에

600만 원어치 다 샀다고 한다면 총 매입한 주식 수는 600주이다. 따라서 9월말 현재 주식을 매매했을 경우 받을 수 있는 돈은 600만 원이다. 즉, 원금만 받는다. 물론 수수료는 제외하고 말이다.

반면 A주식을 매월 100만 원씩 나누어서 샀다면 4월에는 100주, 5월에는 83.3주, 6월에는 125주, 7월에는 111.1주, 8월에는 90.9주, 9월에는 100주를 샀을 것이다. 이 경우 매입한 A주식은 총 610.3주가 된다. 이를 현재 주식가격인 주당 10,000원으로 매매한다면 6,103,000원을 받게 된다. 한꺼번에 주식을 샀을 경우보다 103,000원을 더 받는다. 더구나 매월 투자했으므로 맨 처음 600만 원을 은행에 예치해 놓았더라면 매월 이에 따른 기회비용(Opportunity Cost)이 발생하여 이자도 더 붙었을 것이다.

**코스트 애버리징 기법**

코스트 애버리징 기법은 주식을 한꺼번에 사지 않고 일정 기간마다 일정한 금액씩 나누어 사는 정기분할매수방법으로, 이로 인한 발생 효과를 펀드매입비용 평균화 효과라고 한다. 적립식펀드는 펀드보유좌수와 펀드기준가에 따라 평가금액이 결정되는데 펀드기준가는 장기적으로 운용해 나가야 안정지향적인 상승을 가져올 수 있고, 펀드보유좌수는 코스트 애버리징 효과로 인해 증가하게 된다. 적립식펀드는 코스트 애버리징 기법으로 운용되는 재테크 효자 품목이다.

### 코스트 애버리징 효과로 펀드보유좌수 증가

적립식펀드 투자는 펀드의 기준가격이 하락할수록 펀드의 매입좌수가 증가하고, 기준가격이 상승할수록 매입좌수가 줄어들게 되는 일석이조의 효과를 가져온다. 가격하락 시에는 매입좌수가 증가되어 전체적으로 펀드의 평균매입단가를 낮추는 효과(매입비용 평균화 효과)가 생기는데 이를 DCA 효과, 즉 코스트 애버리징 효과(Dollar Cost Averaging Effect)라 한다. 적립식펀드의 묘미는 바로 매입비용 평균화 효과에 있다고 할 수 있는데 이것이 거치식투자와 비교되는 가장 큰 이점이다.

## 적립식펀드에 투자하면 좋은 열 가지 이유

### 1. 최적의 포트폴리오로 고수익 상품 중 가장 안전하다

고수익을 실현하는 방법 중 첫째는 본인이 직접 실물에 투자하는 부동산과 유가증권에 투자하는 주식이 있다. 그러나 부동산은 보유세 강화로 실질이익 규모가 점점 줄어들고 있고, 직접 주식투자는 지속적인 성공 확률을 보이기 힘들다. 비전문가는 전문가에게 일임하여 보다 안전하면서도 고수익을 올리는 길을 찾는 것이 최상책이다.

적립식펀드는 고수익 상품 중 일반투자자가 리스크를 감내하면서 투자하여 안정된 수익을 올리기에 안성맞춤의 상품이다. 적립식으로 운용되는 펀드상품은 운용하는 펀드마다 보유주식 종목수가 최우량 종목으로만 짜여져 있다. 주식시장의 가변성과 변동성에도 능히 대처하도록 최적의 포트폴리오로 구성되므로 고수익을 올리는 데 화수분 역할을 한다. 특히 적립식펀드는 각종 변수가 많은 변동성 증시에 더욱 효과를 발휘한다.

## 2. 적은 금액으로 누구나 언제든 투자 가능하다

대부분의 투자형 금융상품은 상당한 투자금이 있어야 거래가 가능하다. 반면 적립식펀드는 수입의 일부를 쪼개 시차를 두면서 투자해 나갈 수 있어 정기적립식으로 운영되는 소액분할매수 투자 방법이다. 적립식투자의 묘미는 누구나 언제든지 소자본으로도 매월 또는 분기 단위로 여유 있게 장기간 정액투자를 해서 보다 높은 수익을 올릴 수 있다는 데 있다.

주식은 최소 거래 단위가 10주 이상 필요하지만, 적립식펀드는 대부분 최소 가입 단위가 10만 원 등으로 낮게 책정돼 있어 자유롭게 이용할 수 있으므로 가계재정에 그리 큰 부담이 되지 않는다. 주식에 대해 전문지식이 없거나 주가변동 추이에 아예 신경쓰기가 싫다면 안전하게 적립식펀드를 선택·가입하는 것이 가장 현명한 재산형성 방법이요 재테크 수단이다.

## 3. 간접투자와 직접투자의 묘미를 동시에 만끽한다

일반인들에게 적립식펀드가 재테크로 적합한 이유는 바쁜 일상에서 매월 소액의 자금으로도 얼마든지 값비싼 고가주에 투자할 수 있다는 장점 때문이다. 한 주에 몇십만 원이 넘는 우량주를 개인이 만 원을 가지고 사는 일은 도저히 불가능하지만, 펀드를 통해서는 만 원 이하의 단위로도 얼마든지 투자할 수 있다.

펀드는 장기투자상품 성격상 매입보유전략(Buy & Hold

Strategy)이 가능하다. 펀드투자 이후 추가납입과 약관대출제도(변액보험의 경우)를 유효적절히 활용해 직접투자의 묘미를 만끽하면서 동시에 투자수익도 올릴 수 있다. 여유가 있을 때는 언제든지 얼마든 추가납입이 가능(추가형펀드)하다. 이는 주가하락 시 그 효과를 더욱 높일 수 있는 무기가 된다.

## 4. 펀드매입비용 평균화로 시너지 효과가 창출된다

적립식펀드 투자를 하면 코스트 애버리징 효과를 누릴 수 있다. 주가가 비쌀 때(오를 때)는 소량을 사고, 주가가 쌀 때(떨어질 때)는 많이 사서 평균매입단가가 낮아지는 효과가 있다. 펀드투자 시 제반 시장 트렌드상 투자 시점을 정확하게 포착하기 곤란할 경우 총 투자자금을 일정 기간 동안 분산하여 투자하면 펀드기준가의 등락 폭을 평균화시키는 효과를 가져옴으로써 투자리스크를 줄여 더 좋은 수익 효과를 얻을 수 있다.

일반투자자는 코스트 에버리징 효과가 있는 정기적립식-정액적립식 투자방법이 가장 바람직하다.

### 정기적립식-정액적립식 투자방법

적립식펀드는 납입 시기에 따라 매월 날짜를 정하는 정기적립식과 투자자의 판단으로 납입 시기를 결정해 매월 아무 때나 투자하는 임의적립식, 그리고 투자금액에 따라 일정 금액을 정한 후 투자하는 정액적립식과 투자금액을 임의로 정하는 자유적립식으로 구분된다.

### 5. 분산투자로 위험을 미리 관리할 수 있다

펀드투자의 정석은 리스크 헤지를 위한 분산투자 효과에 있다. 적립식펀드는 투자 시점을 분산하여 마켓타이밍(Market Timing)의 위험을 효과적으로 줄여주는 리스크 헤지(Risk Hedge) 기능이 있다. 매월 적절히 분산한 펀드 포트폴리오 구성을 통해 펀드기준가 변동성에 따른 위험을 최소화하고 수익을 극대화할 수 있다.

분산투자는 투자자금을 ① 다양한 자산에 투자하는 대상에 의한 분산투자와 ② 여러 번 나눠 투자하는 시간에 의한 분산투자로 구분한다. 적립식펀드 투자는 기본적으로 다양한 종목을 편입하기 때문에 대상에 의한 분산투자와 시간에 의한 분산투자가 동시에 이루어지므로 직접투자방식보다 상대적으로 리스크 헤지가 가능하다. 주가가 오르거나 내리거나에 상관없이 매월 같은 날짜에 같은 금액을 매입하므로 주가가 낮을 때는 많이 사게 되고, 주가가 높을 때는 적게 사게 되어 평균매입단가가 낮아지는 효과가 발생한다. 투자 시기가 분산되므로 주가등락에 따른 위험을 사전에 줄일 수 있게 된다.

### 6. 저금리 시대, 목적자금을 적기에 마련할 수 있다

요즘 같은 저금리 시대에 목돈을 적기에 마련하여 재산을 형성하기 위해서는 펀드에 가입하는 것이 가장 바람직하다. 중·장기적으로 목적자금에 대한 Cash Value(펀드 평가금액 또는 해약환급금의 가치)의 증가를 안정적으로 이룰 수 있어 적기에 목적자금마련이 가능하다. 펀드상품의 내부 구조가 투자수익에 의해 평가금액(적립금)이 상승하는 시스템이므로 정해진 시드머니의 미래가치 하락을 헤지하는 효과를 가지고 있어 중·장기투자 시 인플레 극복 수단으로 적합하다. 또한 적립식펀드는 그 종류가 매우 다양하다. 투자기간도 다양하고 종목도 다양하다. 종류가 다양한 만큼 투자 목적과 성향에 따라 다양한 상품을 취사선택할 수 있다. 특히 자녀교육자금 또는 주택자금 마련이나 노후생활자금과 같이 장기간 적립해야 큰 목돈을 마련할  수 있을 경우 적립식펀드 투자를 하는 것이 가장 좋다.

## 7. 100세 노테크시대 중·장기투자로 가장 적합하다

경제불황으로 내집 마련도 빠듯한 시대이다. 노후 역시 자기책임인 시대에 일반인이 현재의 수입만으로 내집 마련을 하면서 노후에 대비한 은퇴자산까지 확실하게 준비해 나가기는 쉽지 않은 여건이다. 저금리시대에 안정성 있는 은행상품에 가입할 경우라도 명목이자율에서 이자소득세를 공제한 세후 이자율만으로는 물가상승률을 제하고 난 이후의 추가수익률이 크지 않으므로 장기목적자금마련을 위해서는 기대수익률이 더 높은 실적배당형의 투자상품을 선택해 가입해야 한다. 미국인들이 적립식펀드와 변액보험을 노후대책 수단의 하나로 여기는 것은 다른 금융상품보다 듀레이션(Duration : 원금을 회수하는 평균기간)이 짧기 때문이다. 그래서 골드만 삭스(Goldman Sachs), 메릴린치(Merrill Lynch), 피델리티(Fidelity) 등 미국 대형 투자은행들은 운용자산 중 상당수를 적립식펀드로 운용하고 있다. 장기투자일수록 안정적인 수익을 창출해 줄 가능성이 높기 때문이다. 물론 주식투자 상품이기 때문에 주가등락 위험이 있고 펀드기준가에 많은 변동성이 있을 수 있지만, 적립식펀드 고유의 구조적 특성으로 인해 장기적으로는 안정수익을 바라볼 수 있도록 설계되어 있어서 올바른 투자의 길을 간다면 기대수익률에 근접하는 수익을 창출할 수 있다.

지금은 대내외 여건의 불확실성 등으로 경제성장 경로의 하방위험이 상존하면서 증시가 조정 양상을 보이고 있지만 경제 펀드멘탈을 고려할 때 장기적으로는 견조한 회복세를 보일 것으로 전망되므로 주가가 상승 모멘텀으로 작용할 가능성이 높다는 것이 전문가들의 진단이다. 따라서 적립식펀드는 저성장·저금리·100세 장수시대에 노후준비 수단으로 최적의 금융상품이다. 장기 재테크 플랜을 수립하여 노테크 터닝포인트를 적립식펀드로 삼는 것이 현명한 투자방법이다.

### 8. 펀드 주체간 견제와 균형이 잘 되어 있다

간접투자상품은 금융기관 간에 상호 감시와 균형의 조화를 이루고 있어 어느 한쪽의 이익에만 치우치지 않는 중립적인 상품이다. 투자자는 물론 이를 판매하는 판매회사와 펀드를 운용하는 자산운용 회사, 펀드를 관리하는 수탁회사, 펀드 운용 결과를 평가하는 평가회사, 펀드 관련 업무를 관장하는 사무관리회사 등 자산형성과 관리를 담당하고 있는 펀드 운용 시스템의 연결고리가 성좌형으로 뻗쳐 있어서 상호 견제와 균형이 조화롭게 이루어지기 때문에 중·장기적으로 고수익을 올릴 수 있는 재테크 수단으로 손색이 없다.

### 9. 절세 효과로 재테크 파이가 더 커진다

재테크 시 중요한 변수는 세금과세 문제이다. 펀드구조와 종목, 운용 스타일이 비슷할 경우 재테크 파이의 크기를 좌우하는 결정적인 변수는 바로 펀드 수익분에 대한 과세 여부이다. 적립식펀드나 변액보험은 중·장기투자상품인 관계로 환매 시점에서 목적자금 규모가 커서 금융소득종합과세를 안 따질 수 없다. 적립식펀드는 주식매매차익에 대한 완전비과세 혜택이 주어진다. 변액보험은 10년 이상 유지 시 완전비과세 혜택이 주어진다. 두 상품 모두 중·장기목적자금마련 시점에서 금융소득의 종합과세 부담을 줄임은 물론 실질적인 수익을 그만큼 더 챙길 수 있다는 점은 매우 큰 메리트이다.

### 10. 펀드 내재가치를 장기적으로 극대화시켜 준다

적립식펀드 투자는 펀드의 내재가치를 극대화한다는 장점도 있다. 내재가치투자란 시장가격의 움직임과 역으로 투자하는 것으로서 주가나 채권가격이 낮아질수록 펀드의 매입좌수를 증가시키고, 높아질수록 매입좌수를 줄이는 물타기 투자방법이다.

적립식펀드는 가격이 쌀 때 많이 매입하고 가격이 비싸지면 적게 매입하는 가치투자기법으로 일반적인 주식투자방식에 이용되는 순행투자(Momentum Investing) 방식이 아닌 역행투자(Contrarian Investing) 방식이다. 대부분 투자자들은 주가가 떨어지면 지나치게 비관적이다. 반대로 주가가 오르면 지나치게 낙관적으로 반응하다가 높은 매매수수료나 물고 결과적으로 손해를 보곤 한다. 본인은 손해만 보고 죽 쑤어서 남 주는 꼴만 당하기 일쑤이다. 적립식펀드는 바로 이런 리스크를 줄여주는 최선의 장기투자기법이다. 투자기간을 길게 잡을수록 안정적인 고수익 실현이 가능해진다.

### 역행투자와 순행투자의 비교

| 구 분 | 역행투자 | 순행투자 |
|---|---|---|
| 투자자세 | 공격적(가격하락 시에도 매수) | 보수적(가격이 올라야 매수) |
| 투자성향 | 위험중립형 | 위험회피형 |
| 가격예측 자세 | 가격변화 예측 불가능 | 가격의 저점과 고점 예측 가능 |
| 투자기간 | 장기간(최소 3년 이상) | 단기간(1년 이하) |
| 투자상품 선택 방법 | 공격적(주식형펀드 선호) | 보수적(혼합형펀드, 채권펀드, 원금보장형펀드 선호) |
| 대표적인 상품 | 모든 추가형 펀드 | 단기투자펀드, 원금보장, 배당주 상품 |

## 자산운용은 **전문가에게 일임하라**

지금은 자급자족의 농경시대가 아니라 모든 것이 분업화·전업화·전문화되는 시대이다. 부업인 재테크에 지나치게 신경쓰면서 주식과 부동산에 직접 투자할 작정으로 나가면 절대 본업에 충실할 수 없다. 부업인 재테크에 시간을 빼앗기게 되면 자연히 본업에는 소홀히 하는 경향이 많아져 일의 효율성이 떨어지고 능력 발휘가 안 되어 머문 일터에서 성공의 걸림돌로 작용할 수 있다.

남들이 장사하여 많은 이익을 거둔다고 해서 군중심리로 호기심에 "나도 한번 해봐야지!"하고 막연하게 생각하며 무작정 뛰어들었다가는 낭패를 보기 십상이다. 그 분야에 한해서는 그 사람은 전문가지만 당신은 비전문가이기 때문이다. 따라서 부업은 전문가한테 맡기고 자신은 본업에 충실을 기하는 것이 가장 실속 있고 지혜로운 삶의 방식이다.

재테크 또한 이와 마찬가지 원리이다. 자신이 직접 투자해서 이익을 더 많이 남겨보겠다고 또는 지불하는 수수료가 아까워서 스스로 투자의 길로 나서려고 하면 자칫 상투만 잡아 소탐대실할 수 있다. 그만큼 위험부담이 크고 상대적으로 실패할 확률이 더 높아지게 된다. 양도소득세와 부동산종합소득세가 만만치 않은 요즘의 부동산투자에서도 진짜 고수들은 본인이 직접 나서지 않는다. 전문가의 고견을 듣고 아는 부동산에 직접 찾아가 자문을 구하면서 하자 없고 실속 있게 보이는 부동산을 구매한다.

주식 또한 일반인이 직접 투자하는 시대는 서서히 지나가고 있다. 미국의 경우 펀드투자자들의 70%가 증권브로커나 독립적인 파이낸셜플래너(FP, FC, PB, 보험에이전트) 등 금융전문가들의 자문을 받아 펀드에 가입한다고 한다. 그만큼 펀드 선택 시 전문가의 투자자문이 중요하다. 전문가 시대에서는 전문가들에게 모든 것을 일임해야 자신이 하는 일에 더욱 전념하여 입지를 굳힐 수 있고 재테크에 대한 기대수익률도 더 올려 줄 수 있다. 전문적인 분석이 수반되지 않는 펀드변경은 오히려 가만히 두는 것보다 못할 수도 있다. 전문가가 꼭 필요한 가장 큰 이유가 바로 이것이다.

펀드 가입 후 경기의 흐름을 이해하며 여유있게 기다리는 동안 전체적인 포트폴리오를 구성하고 균형을 이루도록 상황에 맞게끔 담당자를 만나 지속적으로 조언을 받는 것이 수익률을 보다 올릴 수 있는 지름길이다. 투잡스 시대, 재테크 부업 시대! 본업과 세테크, 재테크업의 완성형은 간접투자로 재테크 포트폴리오를 형성해 나가는 것이다.

# 정액상품별 속성과 **운용 특성을 파악하라**

## 정액상품마다 수익구조 및 투자방식이 다르다

정액식 저축상품을 운용하는 금융사들의 고객자산운용방식은 상품별로 목표기간과 수익발생구조가 다르기 때문에 근본적으로 모두 다르다. 은행적금은 투자자의 자금을 은행이 빌린 대가로 그에 따른 약정이자를 지급해 주는 확정배당형 상품이고, 펀드는 투자대행업체가 투자자의 돈을 모아 유가증권과 실물자산에 투자해서 얻은 수익을 균등히 분배해 주는 실적배당형 상품이다.

은행적금은 고객이 저축한 돈이 은행의 기초자산으로 흡수되므로 이익의 발생 여부와 상관없이 고객과 약속한 금리에 따라 적립금액을 지급해 준다. 언제든지 내가 낸 돈을 급할 때 해지해 찾아도 원금에서 그리 큰 손해를 보지 않는다. 고수익보다는 원금보장을 하면서 안정적인 이자 지급을 위해 고객들의 저축자산에 대해 'Low Risk & High Return' 형의 보수적인 투자방식을 유지하고 있다.

펀드는 투자자의 자산이 판매사를 통해 수탁회사에 독립적으로 보관되고, 운영사는 단지 투자자를 대행해 펀드를 운용하여 얻은 수익 중 일부를 비용처리하고 나머지 수익금액은 모두 투자자들의 지분(분배율)에 따라 돌려주는 시스템으로 운영된다. 투자자들에게 보다 높은 수익을 창출해 주기 위해 기본적으로 'High Risk & High Return' 형의 공격적인 투자방식을 취한다.

변액보험은 펀드와 보험의 성격을 동시에 가미한 관계로 특별계정(Separate Account) 부분은 수익과 위험보장의 안정적인 실현을 위해 기본적으로 'Middle Risk & Middle Return' 형의 중도지향적인 투자방식을 취하고 있다.

### 변액보험은 적립식펀드보다 안정적

적립식펀드는 투자리스크가 많이 따르는 대신 투자를 대행해 주는 까닭에 중도해지하면 기간에 따라 수익률 편차가 크다. 해지수수료와 신탁보수 등 손해도 감수해야 한다. 변액보험은 펀드로 운용되는 특별계정 부분인 ① 저축보험료뿐만 아니라 위험보장에 필요한 보험료인 ② 위험보험료와 보험사 경영에 필요한 보험료인 ③ 부가보험료, 다시 말해 사업비 등 세 가지 보험료 구성의 기초 요소가 반드시 필요충분조건으로 이루어져야만 상품으로서 효력이 발생한다. 가입자가 지불하는 보험료 전체가 펀드에 투자되지 않고 일부는 보험사고 발생 시 보험금 지급을 위한 재원으로,

나머지 일정 부분은 보험사 운영에 필요한 필수경비로 지출되고 난 다음 그 잔액이 펀드로 투입된다는 점이 적립식펀드와 다르다. 이렇게 정액저축 및 투자상품마다 운용방식과 상품구성 원리가 다르므로 같은 기간(10년 이하)을 운용할 경우 은행적금의 수익률이 제일 높게 되고, 그 다음이 적립식펀드와 변액보험이다.

변액보험은 상품구성 및 운용상 적립식펀드와 비슷한 펀드종목을 선택해 가입할 경우 일정 기간이 경과하기 전까지는 적립식펀드를 능가하는 수익률을 내기 힘들다. 그러나 10년 이상 유지할 경우 이자소득세에 대해 완전비과세 혜택이 주어지고, 적립식펀드보다 후취수수료 규모가 작아 사업비 부분을 포함하더라도 약 13년 이상 경과하게 되면 다른 돌출변수가 없는 한 적립식펀드보다 투자수익률이 더 높게 나타난다. 물론 적립식펀드 또한 주식매매차익에 대해서는 비과세 혜택이 부여된다. 그러나 채권매매차익과 배당소득분에 대해서는 정상과세를 실시하므로 10년 이상 장기투자의 경우에는 적립식펀드보다 변액보험이 유리하다.

따라서 정액상품별 투자방식과 상품 운용 및 구성요소 등 상품의 속성을 잘 알고 난 다음 투자의 길로 들어서야 한다. 투자목적과 기간을 정확하게 정한 다음 그에 가장 적합한 상품을 골라 가입해야 투자에 성공할 수 있다.

# 적립식펀드와 변액보험을 파악하라

간접투자상품의 양대 축인 적립식펀드와 변액보험에 대해 정확히 파악해야 단기·중기·장기 투자의 길을 구분할 수 있다. 변액보험과 적립식펀드는 간접투자상품의 쌍두마차이지만 도입 취지가 다르고 상품 특성 및 수익구조가 매우 달라 목적자금을 언제 어떤 용도로 어떻게 활용할 것인지에 따라 신중히 취사선택해야 한다.

모두 코스트 애버리징 효과의 발생으로 인해 펀드매입비용을 평균화시키면서 단가를 조금이라도 낮춰 투자위험을 제거하는 분산투자 기능이 있고 투자한 자금이 펀드로 운용되는 까닭에 Cash Value 유지, 비과세 수혜, 투자자 책임 귀책사유 등 공통점이 많다. 반면 상품 수익구조, 펀드 운용방식, 합리적인 기대수익률, 목적자금마련기간, 유동성 확보방법, 가입 후 펀드포트폴리오 조정방법, 비과세 처리방법, 펀드 운용비용 차감방법, 예금자보호법 적용 등 여러 면에서 많은 차이를 보인다.

## 적립식펀드와 변액보험의 특성 비교

| 구분 | 변액보험 | 적립식펀드 | 비고 |
|---|---|---|---|
| 취급기관 | 보험회사(은행) | 증권, 은행, 투신, 보험사 | 판매(대행)사 |
| 펀드 운용기관 | 전문 대행 운용사 | 전문 대행 운용사 | |
| 투자 방침 | Middle Risk & Middle Return 형의 안정보수 지향 | High Risk & High Return 형의 공격 지향 | 채권형, MMF 형 등은 동일 |
| 투자대상 | 주식투자 비율 60% 이하 | 주식투자 비율 60% 이상 | |
| 투자목적 | 장기목적자금마련 | 중단기목적자금마련 | 목표기간 차이 |
| 기대수익률 | 연환산 약 8% | 연환산 약 8~10% | 장기투자 시 |
| 투자 선택 폭 | 보험회사에서 정해진 펀드 내에서 선택 | 투자자 선택에 따라 다양한 펀드 선택 가능 | 펀드 종류 차이 |
| 투자방법 | 전문가 대행 투자 | 좌동 | 펀드매니저 |
| 투자자 지위 | 보험계약자 | 수익자 또는 주주 | |
| 수익구조상 투자 적정기간 | 최소 10년 이상 (장기 유지 시 유리) | 3년 이상~10년 이내 (중·단기 유지 시 유리) | 상품별 수익구조가 다름 |
| 만기 | 만기 없음(해지 자유) | 만기 있음 (중도환매 시 패널티 적용) | 만기보다 환매 시점이 더 중요 |
| 가입증서 | 수익증권(수시 체크 가능) | 보험증권(수시 체크 불가능) | 거래내역 변화 추이, 기재 여부 차이 |
| 펀드변경 | 매월 가능(펀드별 이동 자유) | 불가능(엄브렐러펀드 제외) | 보험사별 차이 |
| 자산운용 옵션 | 매우 다양 | 자산운용 옵션 없음 | |
| 운용비용 충당 | 부가 보험료(사업비 선취) | 운용수수료, 환매수수료 등 | 신탁보수는 동일 |
| 펀드 관련 비용 | 운용보수, 수탁보수, GMAB, GMDB, GPAB 등 | 판매보수, 운용보수, 수탁보수, 사무관리보수 등 | 신탁보수는 동일 |
| 펀드 수수료 | 약 0.2~1.0% | 약 1.0~2.5% | 펀드 종류별 상이, 부정액 후취 |
| 투자 시 리스크 | 상시 존재 (가입 초기에 매우 심함) | 상시 존재(변액보험보다 심하지만 사업비 없어 원금손실 폭 적음) | 모두 투자자 책임 원칙 적용 |

| | | | |
|---|---|---|---|
| 직접투자 기능 | 매우 다양(펀드변경, 약관대출, 보험료 추가납입제도용) | 제한적 기능 (월 납입금액 추가 납입) | 변동성 시 리벨런싱 효과 차이 |
| 자금 중도인출 | 가능(수시 입출금 가능) | 불가능(환매 시에만 가능) | |
| 추가 납입 | 가능 | 가능 | 정액식, 자유식 |
| 지급보장 | 최저사망보험금 보장지급 | 없음 | 보험 혜택 유무 |
| 연금전환 기능 | 가능(연금전환특약 부가) | 불가능 | 노테크 시 중요 |
| 발생위험 | 원금손실, 특별계정 폐쇄 | 원금손실, 펀드 청산, 합병 | 공통 : 파산 |
| 중도해지 시 | 원금손실이 매우 큼 | 손실이 상대적으로 적음 | |
| 세제 적용 여부 | 10년 이상 유지 시 비과세 (10년 이내 해지 시 과세), 주식매도 시 증권거래세 부과, 매매수수료 부과 | 주식매매차익 비과세, 채권 매매차익 과세, 배당소득 과세, 매매수수료 부과(증권거래세 제외) | 증권거래세 : 거래금액의 0.3%, 매매수수료 : 거래금액의 0.1% |
| 적용 법률 | 보험업법, 자본시장통합법 | 간접투자자산운용업법, 자본시장통합법 | |

## 적립식펀드와 변액보험의 장·단점 비교

| 구분 | 변액보험 | 적립식펀드 | 비고(공통점) |
|---|---|---|---|
| 장점 | • 보험 혜택, 비과세 혜택, 최저보장보험금 지급보장제도에 의해 5,000만 원까지 예금자보호, 자산운용 옵션, 연금전환 등 부가서비스 다양, 지속적 펀드 컨설팅 가능<br>• 펀드 후취수수료 부과 규모가 적립식펀드보다 적고 이자소득 비과세로 약 13년 이상 장기투자 시 수익률 역전 현상 발생, 재테크와 생활안정테크 동시 실현 가능 | • 펀드 종류 다양화로 가입자 선택 폭 큼, 판매처 많아 비교선택 용이, 단기투자 시 적격(초기 신탁보수비용 적게 발생)<br>• 만기에 관계없이 단기간 내 유동성 확보 가능, 중도환매 시 투자수익률 하락하지 않는 한 원금손실 없음, 3년 이내 중도환매 시 변액보험보다 환급금액이 훨씬 많음 | • 모두 미래가치 창출 가능, 인플레 헤지 기능 있음, 사후관리는 매우 중요<br>• 상품구성 및 수익구조가 서로 다르므로 장·중·단기 재테크 방법으로 구별하여 선택해야 함 |
| 단점 | • 중도해지 시 큰 불이익(초기 사업비 발생 과다), 자연보험료 적용으로 고연령 가입 시 수익률 저하, 미 유지 시 월 대체보험료 계속 차감<br>• 사업비 부과로 가입 초기 해지 시 원금손실 발생, 조기 해지 시 적립금액과 해약환급금간 차이 발생으로 환급금 저조, 단기간 유동성 확보 곤란 | • 펀드수수료 후취 규모가 큼(펀드수수료 부정액 후취 적용으로 기간경과 시 수익률 걸림돌), 펀드선택권 제약으로 시장변화 대처 곤란<br>• 펀드투자 원리금에 대한 예금자보호가 안 됨, 자산운용 옵션 기능 부재로 주가하락 시 펀드변동성 심할 경우 마땅한 위험회피 수단이 없음, 펀드수수료 후취 적용·부과로 장기운용 시 걸림돌 작용 | • 펀드수수료 후취 부과로 기간경과 시 비용지출 금액 커짐, 변액보험은 사업비 유지기간 동안 계속 공제, 자기책임원칙 적용, 판매사·펀드운용사·펀드상품종목·관련 변수 등에 따라 수익차 발생 |

[illegible]

# 적립식펀드와 변액보험의 공통점과 차이점

### 적립식펀드와 변액보험의 공통점 열두 가지

1. 전문지식과 투자시간이 부족한 일반인에게 목적자금의 파이를 크게 하면서 기간 내 시장수익률을 상회하는 목표수익을 얻게 해주는 데 안성맞춤의 상품이다.
2. 본인이 직접 주식·채권 등 유가증권, 선물·스왑·옵션 등과 장·내외파생상품, 부동산 등 실물자산에 투자하지 않고 가입한 금융기관을 통해 간접적으로 투자한다.
3. 투자수익률이 시장변동성에 민감하게 작용하는 실적배당형 상품이므로 펀드투자로 인한 책임은 모두 투자자 본인에게 귀속되는 자기책임원칙이 따른다.
4. 소액의 자금으로 다양한 유가증권과 실물자산 등 여러 우량종목을 동시에 매입하는 분산투자 기능이 있어 실질적으로 투자리스크 감소 효과를 기대할 수 있다.
5. 펀드매입비용의 평균단가를 낮춰 안정된 투자수익을 올릴 수

있는 코스트 애버리징 효과가 있다.

6. 펀드의 투자 시점과 환매 시점에 따라 수익률에 큰 차이를 보인다.
7. 펀드운용전문가에 의한 대행투자로서 직접투자로 야기될 수 있는 투자의 미숙함으로 인한 투자위험을 감소시켜 주고 안정되게 운용함으로써 투자성공 확률이 높다.
8. 전문기관이 대행투자하므로 이에 따른 일정액의 투자대행비용을 지속적으로 부담한다. 펀드 대행투자를 해주는 대가로 투자자들로부터 수수료를 받는데 대부분 평잔을 기준으로 부정액후취방식을 적용한다. 거치식은 하루만 맡겨도 원금 대비 일정 비율을 무조건 차감하는 선취수수료방식을 적용하지만, 적립식은 운용기간을 고려하여 연이율을 일별로 계산하여 매일 비용을 차감하는 후취수수료방식을 적용한다.
9. 만기에 대한 개념이 없으므로 환매 시점이 펀드수익률 제고의 최고 분수령이 된다. 적립식펀드는 대부분 형식적으로 설정해 놓은 만기 이후에도 펀드 자체가 운용기간이 정해져 있지 않은 추가형 상품으로 만기 이후에 환매 신청을 하지 않으면 계속 수익증권계좌를 유지하면서 재투자해 나갈 수 있다. 변액보험은 종신형으로 만기가 아예 없다.
10. 비과세 혜택 부여로 절세 효과를 가져다준다. 적립식펀드는 주식매매차익에 대한 비과세, 변액보험은 10년 이상 유지 시 이자소득세에 대한 완전비과세 혜택이 주어진다.

11. 추가납입제도를 십분 활용해 주가하락 시 역행투자를 실시하여 시간분산 효과와 위험회피 효과를 두루 맛볼 수 있다.
12. 판매사와 운용사, 수탁회사, 관리회사가 모두 각기 달라 펀드 자금에 대해 상호 견제와 보완 역할을 하고 있다.

## 적립식펀드와 변액보험의 차이점 열여섯 가지

### 1. 상품에 대한 기본 특성과 구조의 차이

적립식펀드와 변액보험은 투자한 돈이 모두 펀드로 운용되지만 개발 단계에서부터 상품 특성과 수익구조가 다르다. 적립식펀드는 투자자의 돈이 전액 펀드로 투입되므로 순수하게 재테크를 목적으로 하는 투자자에게 적합한 상품이다(단, 간접투자를 해주는 대가로 지불되는 신탁보수비용이 있다).

변액보험은 하이브리드(Hybrid)형 상품으로 구성 내용이 매우 복잡하다. 장애 또는 사망에 따른 급부금 및 보험금 지급 등 보험 성격을 그대로 유지하는 보험상품이고, 은행의 적금 기능도 있으므로 재테크와 동시에 생활보장 플랜도 감안하면서 10년 이상 장기적으로 인생재테크를 추진해 나갈 가입자에게 적합한 상품이다. 적립식펀드와 같이 펀드로 운용되는 특별계정과 보험으로 운용되는 일반계정이 분리되어 있고 신탁보수비용 이외에 사업비가 별도로 부과되며, 위험보험료 등 부수적으로 들어가는 비용이 있다.

## 2. 펀드투자 목적과 그에 따른 선택 수단의 차이

투자목적과 적정 투자기간이 다르다. 적립식펀드는 주로 3년 이상 10년 이하의 중·단기간 목적자금마련을 위해 가입하는 상품이고, 변액보험은 10년 이상의 장기목적자금마련을 위해 가입하는 상품이다.

적립식펀드는 펀드수수료를 후취 적용하는 관계로 초기 비용 부과금액이 적어 2~3년 정도의 단기투자에도 기대치의 수익을 올릴 수 있다. 그러나 10년 이상 장기투자할 경우에는 후취수수료 부담으로 수익률 정체 현상을 빚게 된다는 단점이 있다. 변액보험은 10년 이상 장기간 투자하면 이자소득세 비과세와 후취수수료 부과 규모가 적립식펀드보다 적어 목표기간 내 목적자금마련에 유리하다. 그러나 단기간 운용 후 해지할 경우에는 보험 특성이 가미된 관계로 많은 손실이 발생하게 된다.

따라서 적립식펀드는 중·단기간 자금마련의 목적으로, 변액보험은 장기적인 측면에서의 목적자금마련과 동시에 최종적으로 노후자금까지를 염두에 둔 투자처로 생각하고 선택 가입하는 것이 바람직하다.

## 3. 펀드 운용 형태의 차이

적립식펀드는 투자금액의 대부분을 유가증권 등에 투자하여 투자수익을 투자자에게 지급해 준다. 변액보험은 투자금액(보험료) 중 사업비와 위험보험료를 제외한 나머지 부분(특별계정)을 유가증권 등에 투자하여 자산운용 실적에 따라 보험금을 지급한다. 따라서 적립식펀드는 만기가 정해져 있지만 변액보험은 만기 구분이 없다. 만기 이전 수익이 발생하였을 경우 적립식펀드는 환매하는 것이고 변액보험은 해지(해약)하는 것이다.

### 4. 펀드 가입 후 변경 가능 여부의 차이

적립식펀드는 가입 시 한번 정한 펀드는 환매 전에 변경할 수 없다. 한번 선택했으면 끝까지 가져가야 한다(단, 엄브렐러(Umbrella) 펀드는 제외). 변액보험은 주식형, 채권형, 혼합형, 인덱스형 등 주식과 채권시장의 변화에 따라 펀드투자 포트폴리오를 조정할 수 있다. 펀드기준가의 변동성이 심할 경우 가입자가 원하는 방향으로 해당 펀드를 언제든지 변경해 적기에 위험을 회피할 수 있다. 펀드변경 기능은 중·장기 펀드투자 시 변동성에 따른 위험회피 수단으로 최적의 수단이 된다.

### 5. 유동성 확보 및 자금납입 휴지 기능 가능 여부

긴급자금을 필요로 할 때 적립식펀드는 환매해야 하지만 변액보험은 유니버설보험의 접목으로 자금의 중도인출이 가능해 약관대출 기능을 활용하여 환매하지 않고 손쉽게 유동성자금을 마련할 수 있다. 적립식펀드는 약관대출과 중도인출 기능이 허용되지 않으므로 가입한 펀드를 환매해야만 한다.

변액보험은 경제적 여건으로 중도납입이 곤란할 경우 일정 기간이 지나면 언제든지 보험료 휴지 기능(Standstill Function)을 활용해 납입을 일시 중지할 수 있다. 적립식펀드는 그런 기능은 없지만 납입을 그냥 중단하면 되고, 여유가 있을 때 다시 납입하면 된다. 제때 납입하지 못하여 문제(연체이자 또는 효력상실 등의 패널티 적용)가 발생하는 금융상품은 대출 및 신용카드 등의 여신업무와 보험가입 후 보험료를 유예기간 내에 납입하지 않았을 경우에 해당된다. 은행상품이나 적립식펀드 등 수신업무는 납입금을 제때 내지 않아도 큰 영향이 없다.

### 6. 펀드수수료 규모와 그 이외의 비용지출 여부

투자형 상품이므로 판매사와 운용사에 관련 수수료를 부과하는데 규모에 있어서 차이를 보인다. 적립식펀드는 수수료부과율이 연 약 1.0~2.5% 정도이고, 변액보험은 약 0.2~1.0% 정도이다. 펀드투자 시 보수비용은 공시된 펀드수수료 이외에 주식매매 시 부과되는 매매수수료, 감사보수 비용, 운용보고서 작성·발송 비용, 평가보수 등 수수료 명목의 각종 부대비용이 지출된다. 매매수수료 이외의 비용은 판매사 및 운용사마다 다르게 적용하고 있다.

변액보험은 보험 성격상 이외의 초기 사업비 부분이 많이 지출되는데 이로 인해 가입 초기 원금손실이 발생하며, 이것이 변액보험이 단기투자 목적으로 부적합한 가장 큰 약점이다. 또한 이외에 보험의 중요 기능 완수를 위해 위험보험료를 별도로 공제한다. 기타 다른 지출 비용도 많이 발생한다.

### 7. 고령화 장수시대 연금전환 기능 여부

사회 인식의 변화로 노후생활이 자식책임시대에서 자기책임시대로 부모부양의 패러다임이 변화되는 시점에서 장기상품의 연금전환 기능은 매우 중요한 요소이다. 변액보험에는 노후를 대비해서 연금으로 전환할 수 있는 기능이 있지만 적립식펀드에는 없다. 대부분의 변액연금이 개개인의 노후계획에 맞춰 45세 이후부터 연금으로 전환할 수 있다. 적립식펀드는 평가금액에 대해 은퇴 후 연금식 수령은 불가능하다.

### 8. 펀드 종류의 다양성과 판매처의 세분화 차이

적립식펀드는 상품 종류가 1만여 개 이상으로 매우 많다. 판매사도 은행, 증권사, 운용사, 보험사 등 다양하고 판매영업점도 세분화되어 있어서 손쉽게 찾을 수 있다. 변액보험은 상품의 종류가 400여 개 정도로 적립식펀드에 비해 매우 적다. 생명보험사만 판매가 가능하며 방카슈랑스 상품으로 은행에서도 시판되고 있지만 주로 보험설계사(보험대리점)들에 의해 직접 방문판매 형태로 이루어지고 있다. 이 차이는 가입자 선택의 폭과 다양한 투자정보 확보, 시테크 차원에서 제한을 가져올 수 있다.

## 9. 각종 세금 과세 및 절세 여부에 따른 차이

적립식펀드는 배당수익, 채권매매차익, 이자소득세에 대해서는 과세를 적용하고 있지만 주식매매차익에 대해서는 완전비과세 혜택이 주어진다.

변액보험은 10년 이상 유지하면 발생한 이자에 대해서는 이자소득세가 전액 면제된다. 자금의 중도인출 또는 해약 시 발생한 이자차액(보험차익)에 대해서도 전액 비과세 혜택이 주어진다. 단, 10년 미만 유지 후 해지 시 이자가 발생하면 일반 이자소득세율이 적용된다. 변액보험은 특약보험료 선택 시(변액종신보험은 주보험 및 특약 전체에 적용) 연간 100만 원까지 소득공제 혜택이 부여된다.

## 10. 펀드투자 시 기대수익률의 차이

변액보험과 적립식펀드의 수익률은 운용 목적과 기간에 따라 각기 다르다. 변액보험은 적립식펀드보다 보험 성격이 가미된 관계로 다소 안정적으로 운용하므로 목표수익률은 낮은 편이다.

투자기간을 놓고 볼 때 10년 미만의 단기간 투자에는 초기 사업비와 보장성보험료 등이 없는 적립식펀드가 유리하다. 사업비 일부 적용(신계약비 이연상각기간)이 끝나는 10년 이상의 장기투자의 경우에는 적립식펀드보다 변액보험이 유리하다. 일반적으로 가입 후 약 13차년도 이상 경과하게 되면 적립식펀드의 펀드수수료 후취 적용 규모의 복리식 증가(펀드 후취수수료는 적립금, 즉 펀드 평가액에서 공제함)로 인해 변액보험의 사업비 및 펀드수수료 부과 규모를 앞지르게 되어 두 상품 간 투자수익률 역전 현상이 발생하게 된다.

### 11. 만기 이전 환매 시 패널티 적용 차이

적립식펀드는 만기 이전에 환매하여 적립금을 인출하면 패널티를 적용하여 환매수수료를 부과한다. 일반적으로 가입 후 3개월 이내에는 수익금의 70%를 환매수수료로 차감한 후 나머지 금액을 돌려준다. 또한 만기 이전 3개월 이내에 환매하면 이익금을 기준으로 90일 미만 이익금의 70%를 환매수수료로 부과한다. 단, 환매수수료는 운용기간 중 발생한 수익금 범위 내에서 일정 비율만큼 부과되므로 수익금이 발생하지 않으면 환매수수료도 부과되지 않는다.

변액보험은 가입 초기 중도환매하면 환매수수료는 없지만 사업비 부과로 원금손실을 볼 수 있다. 또한 환급금과 적립금액 사이에 신계약비 이연상각에 따르는 차이가 발생하여 적립금액을 모두 받지 못할 수 있다. 만약 적립금액과 해약환급금이 동일한 시점에서 환매하려면 미상각 신계약비 차감 종료 시점인 가입 후 84개월이 경과한 다음 해지(환매)해야 불이익이 없다. 이는 모든 변액보험에 동일하게 적용되고 있다.

### 12. 유사시 목적자금마련 방법 차이

적립식펀드와 변액보험에 가입하는 최대 목적은 일정 기간이 경과한 후 필요한 목적자금마련을 위한 것이다. 이를 마련하는 방법에 있어서 적립식펀드는 목표를 달성할 때까지 끝까지 납입해야 하지만, 변액보험은 생활안전보장장치가 마련되어 있어서 가입과 동시에 목표달성이 가능하다.

변액보험은 사망보험금이라는 든든한 백그라운드가 항상 투자자의 뒤를 든든히 받쳐준다. 따라서 나중에 적립금액을 가족을 위해 활용할 계획이라면 자신이 일상생활에서 만약의 사고를 당할 경우에 대해 그리 염려하지 않아도 된다. 특히 변액보험은 정액보험금이 아닌 변동보험금이 지급되므로 시드머니의 미래가치를 충분히 드높여 안정된 보장자산을 마련하게 해준다.

### 13. 펀드를 가족에게 물려줄 경우 재산상속 효과 차이

변액보험은 재테크상품 기능뿐만 아니라 세테크상품으로서 절세기능 역할도 해준다. 10년 후 변액보험은 이자소득세에 대해 완전비과세 혜택이 주어진다. 반면 적립식펀드의 경우 주식매매차익이 비과세이기는 하지만 주식배당과 채권이자, 채권매매차익에 대해서는 정상과세를 적용하므로 이에 따른 상속금액에 차이가 발생하게 된다. 또한 살아생전에 증여할 경우 적립식펀드는 증여수단이 마땅치 않은 데 비해 변액보험은 중도자금의 인출과 약관대출을 통해 사전증여방식으로 증여세와 동시에 상속세도 절감할 수 있는 효과를 가져온다. 이는 자산상속이 보편화된 우리나라 사람들에게 매우 중요한 절세 수단이다.

### 14. 가입자에 따른 투자수익률 차이

적립식펀드는 가입자가 누구든 간에 그의 신상에 따라 투자수익률에 아무런 영향을 주지 않는다. 펀드 자체가 간접투자상품으로서 이를 운용하는 사람은 투자자가 아닌 펀드운용사의 자산운용 전문가인 펀드매니저이고, 이들의 역량에 의해 선택한 펀드의 수익률이 달라지는 기본 구조를 갖고 있다.

변액보험은 운용사의 능력 이외에 가입자의 나이가 매우 중요하다. 피보험자의 나이와 성별에 따라 보험료에 적용되는 위험보험료의 부과 규모에 차이가 발생하며 이로 인해 특별계정 투입금액이 작아져 상대적으로 수익률이 저하된다. 특히 다른 일반 보험과 달리 가입 초기 보험료 규모를 줄이기 위해 평준보험료방식이 아닌 자연보험료방식을 선택해 보험료를 산출하기 때문에 나이가 들면 들수록 위험보험료 규모가 점점 커져서 수익률제고에 막대한 영향을 미칠 수 있다.

또한 보험료 납입 규모, 보험가입금액 여부 등의 변수에 따라서도 수익률이 달라진다. 변액보험을 가입할 경우에는 반드시 이 점을 유념해야 하며, 특히 재테크만 목적으로 가입할 요량이라면 이런 변수들을 잘 살펴본다.

### 16. 펀드 유형별 포트폴리오 구성방법 상이

적립식펀드는 펀드 특성상 공격적으로 운용하기 때문에 주식형펀드가 약 80% 정도를 차지하지만, 변액보험은 보수적으로 운용하기 때문에 주식형펀드는 약 30% 정도이다. 적립식펀드는 투자자들의 선호도를 고려하여 단기 또는 중기투자 목적으로 고수익을 올릴 수 있는 주식형펀드를 많이 개발하여 출시한다.

반면 변액보험은 다수 보험가입자들의 보험가입금액에 대한 안전보장을 위하여 자금을 최소 10년 이상 장기간 보수·안정적으로 운용해야 하므로 고수익·고위험 상품인 주식형펀드의 비중을 더 적게 하면서 펀드종목 간 포트폴리오를 적절히 조정할 수 있도록 시스템을 구축한다. 장기 유지할 경우에는 가입자들이 펀드기준가 변동성이 발생할 때 유효적절하게 대처해 나갈 수 있도록 다양한 자산운용 옵션과 은행적금상품의 특성을 접목하여 보험 혜택을 제공한다. 이를 투자리스크 회피 수단으로 활용하여 리밸런싱 효과를 지속적으로 실현해 나갈 수 있도록 안전장치가 마련되어 있다.

예금자보호는 금융기관이 파산하여 지급 의무를 이행하지 않을 때 국가에서 원금과 이자를 포함해서 5,000만 원까지 원리금을 보장해 주는 제도인데 실적배당상품인 펀드는 예금자보호법이 적용되지 않는다. 펀드는 운용결과에 따른 이익 또는 손실이 모두 투자자에게 귀속되어서 예금자보호법에 따라 보호되지 않으므로 적립식펀드는 예금자보호 대상 상품이 아니다.

그러나 변액보험은 최저보장금보험금을 기준으로 보험사가 지급 불이행 시 예금보호공사가 보장해 준다. 변액보험은 적립식펀드와는 달리 보험 특유의 최저보장보험금 지급보장제도가 있어서 확정보험금을 지급하므로 예금자보호 규정을 적용하도록 했다. 금융기관이 파산했을 때 투자한 돈(원리금)을 보호받을 수 있는지의 여부는 향후 투자한 펀드의 적립금 관리에 있어서 매우 중요한 요소이다.

## 펀드에 숨어 있는 **진짜 투자 비밀**

### 상품에 대한 판매자와 가입자 간의 인식 차이

금융상품을 선택하는 경우 어떻게 선택해 가입하는가? 일반적으로 은행과 증권사의 상품은 창구 담당직원이 안내해 주는 대로 가입하는 경우가 대부분이다. 적립식펀드 또한 마찬가지이다. 그러나 변액보험은 대부분 방문판매채널조직인 보험컨설턴트(보험대리점 포함)를 통해 가입한다. 이때 적립식펀드는 판매자가 조언을 해주게 되는데 판매처가 어디인가에 따라 그 설명의 폭과 깊이가 사뭇 다르게 나타난다. 또한 가입자가 어느 선까지 질문하고 궁금한 내용을 피력하는가에 따라 되돌아오는 응답의 범위가 다르게 나타난다. 변액보험의 경우에는 어느 보험사를 선택하였고 어떤 보험컨설턴트를 만나느냐에 따라 상품 정보와 선택한 상품의 질에 상당한 차이를 보이게 된다.

적립식펀드나 변액보험 모두 상품 내용에 대해 조언을 잘해주는 경우도 있지만 판매자가 상품을 설명하는 목적과 투자자가 상품을 선택하고자 하는 목적은 항상 같지 않을 뿐만 아니라 서로 매우 다르다는 사실을 명심해야 한다. 투자자가 상품을 선택하는 목적은 궁극적으로 보다 많은 이익을 안겨다 줄 상품을 고르는 데 있다. 반면 판매사들이 펀드를 판매하는 최우선 목적은 보다 많은 수수료를 받아 이익을 창출하기 위함이라는 사실이다. 이처럼 판매자와 가입자 간 상품 인식에는 현격한 차이가 있다.

특히 장기투자상품인 변액보험의 경우 변액보험판매관리사가 고객의 미래를 위해 컨설팅을 얼마나 제대로 하고 그러한 차원에서 최적의 상품을 제안하며 또 펀드기준가 변동 시 다양한 위험회피 수단의 활용방법 등 사후관리를 어떻게 해줄 것인지의 여부가 선택 시 매우 중요한 기준이 된다. 하지만 판매자 입장에서는 아무리 고객을 위해 제안하는 상품이라도 어디까지나 첫째 목적은 판매사와 판매자의 소득파이를 늘리는 데 있다는 사실을 간과해선 안 된다. 특히 상품의 단점 피력보다는 당연히 장점을 더 부각시킬 것이므로 이들이 말하는 모든 내용을 액면 그대로 믿지 말아야 한다.

### 알면 이익, 모르면 손실과 후회로 돌아온다

상품에 대해 어느 정도 알고 난 후 판매사를 상대하는 것과 아예 모르고 상대하는 것은 향후 선택한 상품의 투자결과 및 만족도에 있어서 매우 다른 결과로 작용한다.

간접투자상품인 적립식펀드와 변액보험 모두 가입 후 손익 여부에 대한 결과의 책임은 투자자 자신에게 귀속되므로 펀드를 가입하기 전에 먼저 관련된 정보와 지식에 대한 사전 인프라 구축과 투자원칙을 지켜 나가는 기술과 더불어 시장의 흐름을 읽을 줄 아는 지혜가 필요하다. 왜 투자해야 하는지 그에 대한 확고한 투자철학을 확립한 가운데 펀드 인프라를 구축하고, 자신이 선택하고자 하는 펀드상품에 대한 내용을 알고 난 다음 질문을 통해 궁금증을 해소하고 의문점을 날카롭게 파헤쳐서 시행착오 없이 가입하여 조금이라도 더 수익을 높일 수 있는 최적의 방법을 모색하는 마인드가 선행되어야 한다.

다시 강조하지만 판매자가 고객의 이익보다 자신들의 이익을 먼저 생각하는 것은 지극히 정상적인 일처리 방식이라는 사실을 인지해야 한다. 따라서 해당 상품의 전문가인 판매자의 조언은 귀담아들어야 하지만 군중심리에 이끌려 가입하지 말고, 다른 상품과의 비교·분석 및 최종 선택과 리스크 문제에 따른 자기책임에 대한 확실한 주체의식과 분명한 투자철학을 갖고 투자원칙을 확실히 지켜 나가도록 한다. 그래야만 일시적인 시장 흐름에 편승하거나 부화뇌동하지 않고 스스로 설정한 펀드투자의 길을 따라 시드머니의 미래가치를 보다 드높일 수 있게 된다. 때론 똑똑한 체리피커가 되어야 실속을 더 많이 챙겨 고수익을 실현할 수 있다.

### 고수익 실현 위한 숨겨진 재테크 방법 모색

펀드를 가입하기 위해 맨 처음 상품을 선택하는 과정에서 투자수익률에 큰 변수로 작용하는 요소들을 등한시한다면 추후에 재테크의 결실을 올바로 맺는 데 가장 큰 걸림돌로 작용하게 된다. 수많은 펀드상품들 중에서 옥석을 잘 가려내 자신이 원하는 목표자금을 보다 빨리 달성할 수 있도록 그 기간을 단축시켜 줄 상품을 식별할 수 있는 방법을 모색해야 한다.

특히 변액보험은 해당 상품에 들어가는 사업비 부과 규모의 차이에 따라 또는 보장 내용과 자산운용 옵션의 리벨런싱 방법에 따라 수익률이 매우 다르게 나타난다. 그리고 만기가 없어 환매시점의 적기 포착 여부가 관건인데 이런 요소들은 장기 재테크에 있어서 매우 중요한 변수로 작용한다.

간접투자상품은 상품구조상 중·장기적으로 운용해 나가야 그 효용가치와 효력이 뚜렷하게 나타나게 된다. 특히 변액보험은 최소한 10년 이상은 유지해 나가야 어느 정도 시드머니에 대한 자산가치의 빛을 볼 수 있는 최장기 상품이다.

흔히 '72 Rule'을 인용하여 복리 1%의 차이가 몇십 년 후에는 놀랄 만큼 큰 수익률 격차를 가져온다고 한다. 그러나 이는 목돈을 한꺼번에 투자하는 거치식상품의 경우 해당되는 논리이지 매월 정기 정액으로 투자하는 적립식펀드와 변액보험의 수익 개념은 아니다. 따라서 수익률 1%의

**72 Rule**

복리를 전제로 자산이 두 배로 늘어가는 데 걸리는 시간을 계산하는 방식.
72/수익률 (%) = 기간(년)

차이가 향후 어떠한 결과치를 가져다 줄 것인가에 대해 살펴보는 단편적인 수익률의 점검도 중요하지만 이보다는 어떠한 상품을 어떻게 선택하고 관리하여 목적한 바대로 이끌고 나가 소기의 목표를 달성할 수 있는가가 더 중요하다. 펀드는 해당 상품을 처음부터 어떻게 조립하여 가입하는가에 따라서 그 결과가 천양지차로 다르게 나타나기 때문이다.

또한 어떤 금융사 상품을 선택해 가입하는가에 따라 수익률과 더불어 만족감의 척도인 서비스 혜택도 다르게 나타난다. 특히 변액보험은 해당 상품에 들어가는 사업비 규모 및 보장 내용에 따라 수익률과 보험 혜택이 매우 다르게 나타난다. 따라서 펀드 선택 시 투자수익률에 많은 변수로 작용하는 이런 요소들을 등한시한다면 고수익을 올리기 어렵다. 많은 펀드 중 자신이 바라는 목적자금마련을 가능한 빨리 달성할 수 있는 듀레이션이 짧은 상품을 어떻게 잘 가려내 옥석을 구별할 수 있는지를 모색해야 한다.

펀드투자를 할 경우 상품에 대해 미리 종합적으로 알고 난 다음 신중하게 펀드를 선택하는 것과 남들이 좋다고 해서 내용도 잘 모르면서 내심 '고수익 좀 올려볼까?' 하는 단순한 생각으로 선택하는 것의 차이는 추후 환매 시 투자수익의 규모 차이로 선명하게 판가름 난다는 사실을 명심해야 한다.

2장

# 좋은 펀드 고르는 법

훌륭한 투자자가 되려면

지식, 열정, 냉철함, 직관력, 인내심을 갖춰라.

- 앙드레 코스톨라니

## 펀드 가입 전에 꼭 알아야 하는 세 가지

펀드 가입 전에 꼭 확인해야 하는 세 가지가 있는데 다음이 그것이다.

첫째, 목적의식이 분명하고 뚜렷하게 설정되어 있어야 한다. 둘째, 생애재무설계를 먼저 이룬 다음 재무목표 실현을 위한 일환으로 펀드를 선택해야 한다. 셋째, 철저히 가계자금에 대한 포트폴리오를 구성해서 재정 상황에 맞는 계획을 수립하고 여유자금으로 투자해야 한다는 점이다. 특별한 목적을 갖지 않고 생활비를 쪼갠 알토란같은 자금으로 무작정 펀드투자를 해서 돈을 모아보자는 생각은 절대 금물이다.

적립식펀드는 은행적금과 상품 특성이 판이하게 다르고 상품 유형과 종류도 매우 다양하다. 실적배당형으로 원금손실 우려가 있으며 투자에 대한 책임이 모두 투자자 본인에게 귀속되기 때문에 신중하게 결정해야 한다. 돈을 모으려는 목적이 무엇이고 언제까지 얼마를 어떻게 모을 것인지에 대한 뚜렷한 재테크 철학이 있어야 한다. 그런 것들이 정립된 후 현재의 재무 상태 및 가계금융 자산의 포트폴리오 구성 현황을 분석한 다음 향후 가계소득의 안정성과 성장성 등을 종합적으로 고려하여 생애재무설계를 하고, 그 일환으로 중단기투자상품인 적립식펀드와 장기투자상품인 변액보험을 선택하는 것이 가장 바람직한 재테크 로드맵이다.

세계 자산 배분의 아버지라 일컬어지는 게리 브린슨(Gary Brinson)은 "자산의 효율적 배분이 종목 선택보다 더 중요하다. 장기적인 관점에 초점을 맞추면서 투자해 나가야 한다"고 말했다. 먼저 가계자산에 대한 재무설계를 한 다음 그에 따라 금융자산의 포트폴리오 차원에서 투자의 길로 들어서라는 것이다. 즉, 펀드투자는 목표기간에 따라 더욱 적합한 상품을 선택하고 납입액을 조정하여 투자의 효율성을 높임으로써 궁극적으로는 보다 쉽고 안정적인 방법으로 자신이 세운 재무목표를 달성해 나가는 차원에서 접근해야 한다.

간접투자를 통해 고수익을 올리려 하는 경우에는 뚜렷한 목적을 세운 뒤 펀드에 대한 어젠더를 확실하게 정하고 어떠한 상황에서도 장기가치투자, 분산투자, 적립식투자 등 투자의 3원칙을 고수하면서 투자를 해 나가야 투자성과를 높일 수 있다. 특히 금융회사에서 제시하는 펀드 모델 포트폴리오를 참고하여 펀드자산을 안분비례하는 기술이 필요하다.

가치투자의 아버지라 불리는 벤저민 그레이엄(Benjamin Graham)은 맨 처음 주식투자 시 경제 전반에 관한 책은 물론 증권분석 책을 10권 이상 읽지 않고서는 절대 주식투자를 하지 않겠다고 결심했다고 한다. 버핏도 스승의 영향을 받아 사전지식을 쌓는 데 몰입했으며 그가 후계자로 지명한 루이스 심슨(Louis Simpson)도 "투자 결정을 내릴 때는 경제지를 많이 읽고, 어떤 기업에 대해 매입할 때는 먼저 광범위하게 연구한다"면서 "매일 최소한 8시간 이상 경영금융 관련 책과 자료를 습득하고 갖가지 파일, 연차보고서, 산업보고서 등 정보를 분석하는 데 보내며 거기서 좋은 아이디어를 얻는다"고 말했다. 그만큼 사전지식 습득과 투자 인프라 구축이 투자 성공의 필수요소이다.

앙드레 코스톨라니(Andre Kostolany)는 "펀드투자를 할 때는 상품의 구조를 정확히 파악하고 투자전략을 치밀하게 세우며 유형별로 비교·분석·평가하는 능력을 기른 다음 투자의 길로 들어서라"고 말한다. 그래야만 언제든 발생할 개연성이 있는 일상적인 위험에 익숙하게 대응할 수 있는 역량이 구축된다는 것이다.

반드시 자신이 어느 정도 아는 대상에 투자해야 돈을 잃지 않고 이익을 실현할 수 있다. 펀드가 무엇이고 펀드투자방식에는 어떤 것들이 있으며 상품은 얼마나 되고 유형은 어떠한지 요목조목 따져보고 확인하면서 정확히 알고 난 다음 확신이 섰을 때 자신의 투자궁합과 일치하는 펀드를 골라야 하자가 없다.

## 투자 가이드

### 펀드투자 시 투자목적 & 투자성향 체크 리스트 12

간접투자상품인 펀드를 선택하여 가입하기 전에 먼저 투자하는 목적의식과 투자성향을 스스로 체크해 확인하는 것이 중요하다. 자신의 경제적 또는 투자능력상 투자리스크를 부담할 수 있는 범위가 얼마나 되는지 파악할 수 있기 때문이다.

먼저 아래 질문 내용에 대한 답을 스스로 명확히 내려야 한다. 이 중 한 가지라도 명쾌한 답변이 나오지 않으면 대안을 강구해야 한다. 현명한 판단과 확신 없이 무작정 투자를 했을 경우에는 중도해지로 오히려 원금손실이라는 최악의 상황을 몰고 올 수도 있기 때문이다.

1 평소 재테크에 대한 관심을 많이 갖고 있으며 재테크 수단으로서의 투자에 익숙한가?

2 왜 펀드투자를 하려 하는지, 변액보험은 왜 가입하는지 등 목적의식이 분명하며 자신의 투자성향을 알고 있는가?

3 펀드투자 시 투자기간을 정확하게 어느 정도로 생각하고 계획을 수립하는가? 기대수익률은 어느 정도를 생각하는가? 투자목적으로 충분히 고려한 후 펀드에 가입하려 하는가?

④ 목적자금마련 시 유동성자산의 운용 계획은 확실히 설정되어 있나? 포트폴리오를 재조정할 수 있는가?

⑤ 자신과 가족의 인생 3L(Life Cycle, Life Style, Life Stage)을 정확히 알고 변화하는 Life Way와 Life Scale에 맞춰 자금을 운용할 줄 아는가?

⑥ 향후 목적자금마련 시까지 경제적 여력은 어느 정도 비축되어져 있고 또 발생소득의 여유분이 충분한가?

⑦ 투자하고자 하는 금액이 전체 가계금융자산에서 차지하는 배분비율은 얼마나 되는가?(이 경우 일시납과 월납을 구분해서 판단)

⑧ 장기적인 목적자금마련을 위해서 일시적인 단기적 손실을 감수할 수 있는가?(시장의 변동성을 늘 염두에 두어야 함)

⑨ 어떠한 일이 있더라도 목적자금마련을 위해 중도해지를 하지 않고 끝까지 유지해 나갈 자신이 서 있는가?

⑩ 평상시 재테크 및 세테크 지식과 금융지식에 대해 알고 있으며 쌓으려고 노력하는가? 금융시장에 대해 전반적인 지식을 쌓아 놓았는가?

⑪ 투자하려는 펀드에 대해 속속들이는 아닐지라도 펀드 유형, 상품구조 등을 파악할 줄 알고, 각 펀드상품들에 대하여 개략적으로 장단점을 파악하였는가?

⑫ 스스로 어느 정도 펀드투자에 자신 있을 정도로 지식을 습득했고, 리스크 발생 시 헤지 방안과 포트폴리오 리밸런싱 방법도 모색했다고 생각하는가?

# 최상의 펀드 포트폴리오를 수립하라

## 투자목적과 기간에 따른 상품별 포트폴리오

우선 단기투자를 할 것인지, 장기투자를 할 것인지를 결정한다. 3~5년 정도의 중단기투자자는 적립식펀드를 선택한다. 변액보험은 단기간 운용 시 원금보전이 불가능하다. 그러나 은퇴 이후를 고려한 10년 이상의 장기투자자는 변액보험을 선택하는 것이 유리하다. 동일한 수익률일 경우 약 13년 이상 경과 시 이자소득에 대한 완전비과세 혜택과 펀드수수료 후취 규모가 저렴하므로 수익률 측면에서 유리할 뿐만 아니라 유동성 확보 및 자산운용 옵션, 연금전환, 생활보장 등 다양한 활용이 가능하기 때문이다.

다양한 목적으로 자금을 유효적절하게 활용하려면 변액유니버설보험을 선택하고, 노후자금이 목적이라면 변액연금보험을 선택해야 더 유리하다. 변액유니버설보험은 연금전환 시 가입 시점의 경험생명표를 적용하기 때문에 평균수명이 늘어나 실질적으로 지급받는 연금액이 변액연금보다 적게 된다.

펀드투자 대상도 투자자의 운용 스타일이나 특성에 맞춰 국내외의 여러 펀드에 분산시키는 것이 바람직하다. 특히 향후 자산 규모와 자금인출 시기를 고려하면서 그에 맞는 상품을 선택한다.

펀드에 투자할 자금은 리스크가 발생할 개연성을 늘 염두에 두면서 투자해야 하므로 앞으로의 경제력과 가정의 자산형성 구조, 자신의 투자성향, 현재 나이 등을 종합적으로 고려한 후 확정해서 운용해 나가야 하자가 발생하지 않게 된다. 따라서 자신이 갖고 있거나 또는 발생할 유동성자산 중에서 연령대별로 나이와 반비례하여 고위험펀드에 대한 투자비율을 구성해 나가는 것이 바람직하다. 일반적으로 20~30대는 60~70%, 40대는 40~50%, 50대는 30%, 60대 이후는 20% 정도를 주식형펀드에 투자하는 것이 바람직하다고 말한다.

나이에 따라 자신이 갖고 있는 유동성자산 대비 펀드매입비용을 반비례하여 투자하는 것은 젊은 사람은 향후 경제적 활동 여력이 충분하기 때문에 투자리스크가 발생해 비록 손해를 보더라도 만회할 시간적 여유가 있지만 나이가 많은 사람들은 그럴 만한 여유가 별로 없기 때문이다. 따라서 지속적으로 펀드 수익을 더 올리기 위해서는 전체적인 자산을 단기·중기·장기로 구분하면서 포트폴리오에 입각해 유동성과 환금성, 수익성을 종합적으로 고려하여 분산투자를 해야 진정한 인생재테크가 이루어진다.

## 투자 가이드

### 펀드투자 시 꼭 알아야 할 핵심 20

1. 생애재무설계 차원에서 자산포트폴리오를 먼저 구성한다.
2. 긴 안목을 갖고 단기·중기·장기별로 투자목표를 명확히 한다.
3. 지식을 사전 습득하고 금융 트렌드에 대한 시야를 넓혀 나간다.
4. 투자 어젠더를 설정하고 투자기간과 자금을 잘 따져본다.
5. 유동성자금을 고려하여 너무 빠듯한 투자는 하지 않는다.
6. 투자궁합에 맞는 최적의 펀드를 고른다.
7. 펀드판매사와 운용사는 맞선 보듯 신중히 결정한다.
8. 펀드 사후관리를 가장 잘해줄 전문가를 멘토로 삼는다.
9. 듀레이션을 짧게 하면서 투자성과를 높이는 방법을 모색한다.
10. 이익 실현과 원금보장 여부를 반드시 체크한다.
11. 지속적으로 펀드수익률을 꼼꼼히 살펴본다.
12. 가능한 한 절세상품을 골라 가입한다.
13. 중·장기간 유지할 경우 비용지출 규모를 살핀다.
14. 환매(해지) 시 어떠한 불이익이 있는지 꼭 알아둔다.
15. 꼼꼼히 벤치마킹한 후 가장 적합한 상품을 선택 가입한다.
16. 가입했다고 안심하지 말고 늘 눈여겨 살펴본다.
17. 자산운용 옵션을 최대한 활용하여 리밸런싱 효과를 노린다.
18. 펀드변경 시 독단적으로 하지 말고 전문가의 조언을 구한다.

⑲ 투자위험 발생 시 즉각 후속조치를 취할 방안을 모색한다.

⑳ 손품과 머리품, 발품을 팔면서 지식과 재테크 깜냥을 기른다.

# 어떤 펀드가 좋은 펀드일까?

## 비슷한 유형의 펀드를 비교·분석하라

펀드 종류가 많고 부침 또한 심하다 보니 선택 시 많은 고민을 하게 될 것이다. 금융사 판매직원이 권하는 펀드를 무작정 선택하기도 내키지 않고, 그렇다고 직접 팔을 걷어붙이고 정보자료를 수집해 펀드를 일일이 분석하기도 힘들다. 이때 펀드 운용 대가로서 역사상 가장 위대한 펀드매니저라 불리는 피터 린치(Peter Lynch)가 "펀드 스타일에 대해 확실히 알고 난 다음 같은 유형의 펀드 중에서 그 가치를 비교하여 가장 좋은 펀드를 고르라"고 한 말을 유념할 필요가 있다. 비슷한 투자대상과 전략을 가진 펀드끼리 비교한 후 선택하라는 것이다.

펀드를 잘 선택하려면 먼저 카테고리별로 분리한 다음 자신의 투자성향과 유사한 성격을 띤 펀드들을 동일 유형(Peer group)으로 묶어 개별 펀드의 유형 내 순위를 비교·분석한 후 선택하는 것이 가장 바람직한 방법이다. 나름대로 다양한 펀드 중 어떤 것이 좋은지 펀드 선택의 기준 설정과 더불어 동종의 펀드 중 비교해서 선택할 수 있는 요령을 터득하는 것이 선결 과제이다. 노력 없이 얻어지는 이익은 없다.

### 지속적으로 안정적 수익 올리는 가성비 높은 펀드

어떤 펀드가 좋은 펀드인지를 구별하려면 어떻게 해야 할까? 확실한 것은 지속적으로 안정적인 수익을 실현해 나가는 가성비가 높은 펀드가 좋은 펀드라는 사실이다.

주식형펀드나 인덱스펀드의 경우 상승장이나 하락장을 불문하고 꾸준히 위험관리의 비교기준지표인 벤치마크(Bench Mark) 수익률을 상회하는 펀드가 좋은 펀드라 할 수 있다. 중장기투자상품인 적립식펀드는 단기수익률보다는 장기수익률이 더 중요하므로 해당 펀드운용사의 장기 운용 실적이 지수와 큰 오차가 발생하지 않도록 운용되어야 좋은 펀드라 할 수 있다. 구체적으로 어떤 펀드가 좋은 펀드인지를 알려면 먼저 다음과 같은 기준에 부합되는 펀드를 찾아보는 것이 가장 바람직하다.

**투자 가이드**

**좋은 펀드가 갖추어야 할 조건 14**

1. 추적하는 지수보다 더 높은 수익률 추이를 지속적으로 보이는 펀드

2 오랫동안 꾸준히 벤치마크 수익률 이상의 초과수익을 달성한 펀드

3 우량 운용사와 판매사에서 안정적으로 운용하는 가성비 좋은 펀드

4 각종 위험관리지표상 리스크가 상대적으로 적은 우량 펀드

5 펀드수수료는 낮으면서도 상대적으로 수익률이 높은 펀드

6 변동성이 적으면서도 지속적으로 수익을 올리는 안정적인 펀드

7 펀드 운용 규모가 충분히 크고 장기적으로 성장세가 충분한 장기 대형펀드

8 펀드운용 능력이 뛰어난 리서치 조직의 전폭적인 지원을 받고 있는 펀드

9 많은 판매사가 벤치마킹하면서 장기간 지속하여 판매하는 펀드

10 해당 펀드 내에 편입되어 있는 주식종목들이 매우 우량한 펀드

11 우량 기업에 투자하며 장기간 좋은 운용성과를 보이고 있는 펀드

12 당해 운용기간 중 설정좌수가 해지좌수보다 많은 펀드

13 펀드매니저가 바뀌지 않고 계속 잘 운용해 나가는 펀드

14 매매회전율이 낮으면서 장기적으로 안정적인 수익을 내는 펀드

# 시장수익률을 초과하는 펀드를 선택하라

수익률이 시장수익률보다 일시적으로 높은 펀드보다는 목표수익률은 시장수익률이 약간 상회하는 정도지만 목적자금을 마련해 나가는 기간까지 지속적으로 기대수익률을 유지해 나갈 수 있는 펀드가 가장 좋은 상품이다. 해당 펀드가 관련기관에서는 가장 수익률이 높다 할지라도 시장수익률을 상회하지 못한다면 좋은 펀드가 아니니다. 시장수익률을 상회하면서도 기대수익률과 요구하는 목표수익률이 같아야만 좋은 펀드이다.

시장수익률을 상회하는 투자수익률이란 해당 금융시장에서 거래되는 상품수익률을 의미하며, 펀드시장의 평균수익률을 의미한다. 펀드투자의 적정 기대수익률은 실질 이자율에다 약간의 투자리스크 프리미엄을 더한 것이다. 투자의 원리는 최소의 투입으로 최대의 효과를 내야 한다는 경제성의 원칙과 일맥상통한다. 즉, 최소의 위험으로 최대의 수익률 내는 데 목적이 있음을 명심한다.

### 투자 가이드

## 고수익 우량 펀드를 고르는 네 가지 방법

(1) 현재 고수익 펀드라 할지라도 주식형펀드 중 운용하는 펀드의 주식들이 고평가되어 있다고 판단된다면 가입하지 않아야 한다. 또한 매매회전율이 너무 높거나 또는 일시적으로 고수익을 올리는 상품은 가급적 선택 시 신중을 기한다.

(2) 일단 자신의 궁합에 맞춰 가입하고자 하는 펀드를 선택했다면 비슷한 유형의 펀드 중에서 과거 실적(약 3년 이상 통계치)이 파레토 법칙에 입각해 연환산수익률 기준으로 상위 약 20% 안에 드는 펀드를 선택하는 것이 바람직한 펀드투자전략이다.

(3) 특히 펀드수익률 제고를 위해서는 환매 시점의 펀드기준가 형성이 제일 중요한 관건이므로 지속적으로 판매되고 있는 해당 펀드의 투자수익률이 벤치마크 초과수익률을 무난히 달성할 것으로 판단되는 우량 펀드를 골라 가입한다.

(4) 상기 요건을 두루 달성하면서 우량사에서 판매하고 우량 자산운용사의 펀드매니저가 변동 없이 책임지고 운용해 나가면서 펀드판매사가 지속적으로 사후관리를 잘해줄 것 같은 확신이 서는 안전성 있는 펀드종목을 선택하는 것이 가장 좋은 고수익 펀드를 고르는 요령이다.

## 펀드수수료가
## **낮은 상품을 선택하라**

홍길동 씨는 4년 전 가입한 주식형펀드의 매입계좌를 보고는 깜짝 놀랐다. 재테크를 고려하여 장기투자한 펀드인데 기간이 경과할수록 펀드수수료(보수 및 판매수수료)로 빠져나가는 돈이 생각보다 너무 많았기 때문이다.

헤지펀드의 대부로서 20세기 최고의 펀드매니저로 불리는 조지 소로스(George Soros)는 "펀드투자 시에는 반드시 펀드의 높은 수수료를 생각하라"고 갈파했다. 펀드수수료 차이가 단기투자 시에는 큰 영향을 끼치지 못하지만 '가랑비에 옷 젖는다'는 속담처럼 장기투자를 하게 되면 0.5~1%포인트 차이라도 수익률 격차에 큰 영향을 줄 수 있으므로 비슷한 유형의 상품이라면 수수료가 적은 펀드를 선택하는 게 훨씬 유리하다.

특히 저금리·저성장 지속으로 펀드수익률이 저조해지면서 1~2%대 펀드보수 및 수수료는 펀드 선택 시 중요한 요소이다. 펀드는 운용보수, 판매보수, 수탁보수, 일반보수 등의 보수와 회계감사 비용, 세금 등 기타 비용이 매일 차감된다. 이들을 합친 것이 총비용비율(TER)이다. 이를 통해 연간 기준으로 펀드비용 수준을 가늠할 수 있다. 주식형펀드는 5년 이상 장기간 운용할 경우 펀드수익률보다 수수료로 빠져나가는 돈이 더 많은 황당한 경우도 발생할 수 있으므로 가입 시 꼼꼼히 따져봐야 한다.

예를 들어, A와 B가 매월 100만 원씩 적립식펀드에 투자하고 있다고 가정하자. A는 펀드수수료(후취)가 연 1.5%인 펀드를 가입했고 B는 연 2.5%인 펀드를 가입하여 둘 다 똑같이 5년 동안 유지하였다. 만약 투자수익률이 똑같은 수준으로 발생한다면 A와 B가 가입한 두 펀드 간 수수료 1%포인트의 차이는 어떻게 나타날까? 펀드수수료는 후취의 경우 원금이 아닌 펀드평가금액(원금+평가손익)을 기준으로 매일 공제(이 경우 공식은 '펀드평가금액×연간수수료×1/365'이다)되는데 여기서는 계산상 편리와 이해를 돕기 위해 간단히 매월 1회 공제되는 것으로 계산하기로 한다. 그리고 투자수익률 또한 무시하고 원금에 대해서만 계산하기로 한다.

A가 가입한 펀드의 경우 후취수수료는 1.5%이므로 수수료는 첫 달에는 한달치만 공제하여 1,250원(15,000원÷12)이 될 것이다. 이 경우 1년 동안 지불하는 수수료 공제금액은 1,250원×〔12×(12+1)〕÷2=97,500원이 된다. A가 5년 동안 적립식펀드에 투자하므로 총 수수료 규모는 1,250원×〔60×(60+1)〕÷2=2,287,500원이 된다. ⇒ 1 B가 가입한 펀드의 후취수수

료는 2.5%이므로 같은 방식으로 계산하면 가입 초년도에는 총 162,474원이 수수료로 공제되고, 5년 동안 지불되는 수수료 총액은 3,811,890원이 된다. ⇒ ② 따라서 ① - ② = -1,524,390원의 차이가 발생한다. 즉, 비슷한 펀드에 A와 B가 동시에 투자를 하였고 똑같은 수익률이 발생하였는데 만기 시 지급받는 금액은 1,524,390원의 차이가 난다는 것이다. 물론 실질적으로는 이보다 더 많은 차이가 난다. 투자수익률과 매일 차감되는 경우의 변수를 모두 생략하고 원금에 대해서만 수수료 공제 규모를 계산했기 때문이다.

펀드수수료는 기간이 경과할수록 복리 형식으로 눈덩이처럼 불어나 이처럼 어마어마하게 커진다. 이에 따라 수익률이 나도 실속은 없는 속빈 강정 같은 안 좋은 형국이 발생할 수도 있다. 20세기 최고의 과학자인 아인슈타인(Albert Einstein)은 "복리는 이 세상 여덟 번째의 불가사의다"라고 말했다. 펀드수수료를 후취로 적용할 경우 가입기간이 길어질수록 펀드수수료 부과 규모가 큰 펀드의 수익률은 상대적으로 저하된다는 사실도 반드시 유념하여 펀드를 선택한다.

중장기투자는 현재 수익률의 고저보다는 미래의 수익률을 높이는 데 걸림돌이 되는 펀드수수료가 저렴한 상품을 선택해야 환매 시 만족감을 준다. 펀드수수료를 줄이기 위해서는 증권사나 은행의 매개 없이 시중에서 판매되는 펀드들을 한곳에 모아 파는 온라인 펀드 쇼핑몰인 펀드슈퍼마켓(Fund Supermarket), 우량한 펀드에 효율적으로 분산투자를 하는 계좌인 펀드플랫폼(fund platform), 투자자의 돈을 모아 다시 다른 다양한 펀드에 재투자함으로써 위험을 분산하고 투자 기회를 극대화하여 재간접 투자기구라 칭하는 펀드오브펀드(Fund of Funds), 하나의 펀드에 가입한 투자자들에 대해 동일한 펀드수수료 체계가 아닌 다양한 수수료 체계를 적용시키고 기간이 길수록 보수가 낮아지는 멀티클래스펀드(Multiclass Fund) 등에 가입하는 것이 바람직하다. 특히 펀드 지식이 있는 재테크 고수는 비용 대비 수익성이 높은, 즉 가성비가 양호한 펀드, 펀드수수료가 매우 낮게 형성되고 있는 인터넷 전용 펀드를 잘 골라 가입하면 보다 유리하다.

## 투자수익률 제고 위한 열 가지 핵심 내용

수많은 펀드 중 어떤 펀드를 골라 가입해야 좋을까? 가입 후에는 어떻게 관리해야 기대수익을 달성할 수 있을까? 펀드로 돈을 한 푼이라도 더 벌려면 어떻게 해야 할까?

주식과 펀드투자의 귀재이며 현인이라고 칭송받고 있는 워런 버핏의 투자원칙은 ① 돈을 잃지 않는 것, ② 맨 처음 세운 원칙을 끝까지 지켜 나가는 것 등 두 가지이다. 당신 또한 투자한 돈을 잃지 않는 방법을 익히면서 원칙을 지켜 나간다면 성공할 수 있다. 평소 투자수익률을 어떻게 높일 것인지에 대해 고민하는 자세를 견지해 나가면서 방법론을 물색하는 열정이 중요하다. 또한 목적자금 규모의 달성 여부와 투자기간의 합일치가 중요하다.

### 1. 펀드별 특성 충분히 고려하여 선택 투자

펀드투자 시 투자수익률도 중요하고 운용회사의 투자운용능력도 중요하지만 가입상품이 어떤 성격을 띠고 개발되었는지도 눈여겨

봐야 한다. 채권형인가 혼합형인가, 인덱스형인가 주식형인가, 장기적으로는 성장주형인가 가치주형인가에 따라 기대수익률이 다르게 나타난다.

처음부터 기대수익률과 그에 따른 위험도를 어떻게 잡고 투자할 것인지를 확실히 설정한 다음 어떤 펀드를 선택하여 어느 운용사에 가입할 것인지 결정한다. 주식시장이 활황인 상황에서는 안정형펀드가 주식형펀드의 수익률을 따라가기 힘들고, 반대의 경우에는 안정성장형이 더 강력한 수익률 방어력을 가질 확률이 높다. 성장주형 주식펀드라 해도 운용 스타일에 따라 수익률은 엇갈린다. 장기적으로 안정적인 수익을 목표로 하는 가치주형 펀드가 성장주형 펀드의 수익률을 단기간에 따라잡기는 어렵다. 약세장이나 변동성이 큰 장세에서는 배당주펀드가 제격이다.

노테크까지 염두에 둔다면 연금저축펀드가 가장 좋다. 장기투자는 상장지수펀드를 선택하는 것이 바람직한데 이 경우 주식형펀드가 아닌 인덱스펀드가 더 안정적인 수익을 가져다준다. 펀드변동성을 감안하면서 공격적으로 투자하고 싶다면 해외펀드를 선택한다. 펀드 초보자라면 펀드오브펀드로 수익을 올리도록 한다. 요즘처럼 시장의 변동성이 심화되고 있는 상황에서는 펀드매니저의 직관에 의해 지속적으로 펀드수익률을 내기가 어려우므로 컴퓨터에 운용을 맡기는 AI펀드, 즉 인공지능펀드(Artificial Intelligence Fund)를 선택하는 것도 최선의 펀드투자전략이 될 수 있다. 펀드종목별 특성을 살펴본 다음 본인의 투자계획과 투자금을 충분히 고려하여 선택 투자하는 것이 바람직한 펀드투자방법이다.

### 2. 목적자금마련 시기 설정 후 만기 지정

펀드투자는 위험도와 목표자금 시점이 맞아 떨어져야 한다. 언제 어느 때가 되어야 자신이 원하는 목적자금을 마련할 수 있는지 라이프맵을 정확히 설정한 후 투자방법을 선택한다. 미리 선택해야 하는 이유는 목표기간에 따라 선택하는 상품과 가입기간이 각기 다르고 이로 인해 발생하는 위험의 척도 또한 다르게 나타나기 때문이다. 이 경우 '인생 5L'을 토대로 본인의 투자자금, 목표기간, 위험요소 등을 감안하면서 투자방법을 신중히 모색한다.

투자기간은 유연하게 설정해야 목적자금마련에 차질이 없다. 단순히 고수익을 실현하겠다는 생각으로 위험도가 높은 펀드만 선택하려 한다면 수익률은 높일 수 있을지 모르지만 자신이 원하는 시기에 투자리스크가 많이 발생하여 목적자금을 제대로 마련하지 못할 수 있다. 목적자금마련 시점에 만기가 되는 상품인지도 눈여겨본다. 펀드투자는 위험도와 목표자금마련 시점, 펀드투자 전략, 환매전략이 상호 맞아야 자

**인생 5L**

인생 5L이란 생애 전반에 걸쳐 반드시 대두되는 Life Cycle, Life Style, Life Way, Life Scale, Life Stage를 의미한다.

신이 원하는 시점에 환매하여 수익을 올릴 수 있다.

### 3. 펀드투자의 4대 원칙에 주목하며 시장 움직임에 순응

인덱스펀드의 창시자인 존 보글(John Bogle)은 "미래에 어떤 일이 일어날지 알기 어려우므로 펀드투자의 4대 원칙인 수익, 리스크, 시간, 비용관리를 철저히 하라"고 말했다. 목적자금이 필요한 시기를 정확히 계산하여 기대수익을 따져보고 시장 자체의 리스크에 너무 민감한 반응을 보이지 말며, 매입한 펀드의 듀레이션을 짧게 가져갈 방법을 강구하면서 판매수수료를 비롯한 유·무형의 비용과 세금 등 제반 지출비용을 최대한 적게 내는 펀드를 선택하여 효율성을 극대화시켜 나가라는 것이다. 펀드투자로 수익을 올리려면 이 네 가지 원칙을 지켜 나가면서 목표자금이 완성될 때까지 시장의 움직임에 너무 민감하게 반응하지 말고 순응해 나가는 자세를 견지한다.

### 4. 적립금액만 살피지 말고 펀드보유좌수 체크

얼마를 투자하였고 적립금은 얼마인지를 체크하는 것보다 지금 현재 펀드보유좌수가 얼마나 되는지를 체크하는 것이 중요하다. 펀드보유좌수를 체크하는 습관을 들여야 어떻게 하면 펀드보유좌수를 늘려 나가 목표기간 내에 목적자금을 마련할 수 있는지 그 방법론을 다방면으로 모색해서 수익률을 보다 높일 있다. 적립식의 장점을 살리기 위해서는 쉬어가는 달이 있으면 코스트 에버징 효과가 발생하지 않으므로 자동이체하도록 한다.

### 5. 투자위험도가 어느 정도인지 파악

펀드 선택 시 투자수익률이 가장 중요한 요소지만 이에 못지않게 펀드의 위험도를 체크하는 일도 중요하다. 특히 고수익·고위험 펀드일수록 위험도 체크는 더욱 중요하다. 위험요소를 알고 대처한다면 미리 위험을 회피를 할 수 있으므로 그만큼 투자리스크가 상쇄되고 수익을 올릴 수 있는 발판이 조성되기 때문이다. 위험을 관리하는 기술과 투자종목을 신중히 선택하는 습관은 투자성공률을 높이는 중요한 열쇠가 된다.

### 6. 꼼꼼히 자로 재듯 살펴본 후 신중히 결정

펀드설정일은 언제이며 투자수익률 기준이 거치식인지 적립식인지, 자산운용회사는 믿을 만한지 등을 사전에 꼼꼼히 살펴볼 필요가 있다. 펀드에 대한 전반적이고 기본적인 사항을 확인하면서 최종적으로 가입하는 상품에 대한 충분한 이해와 보다 자세한 검증이 선행되어야 한다. 펀드운용사와 판매사, 수탁회사, 해당 펀드의 고수익 창출 가능성 등 펀드의 내구성을 꼼꼼히 체크한 후에 결정한다.

펀드는 은행 예금과는 달리 원금손실이 생겨도 보호를 받지 못하므로 가입 전에 과거 수익률 성과만 보지 말고 투자위험성도 꼼꼼히 따져본다. 스스로 결정하여 선택 가입하지 말고 반드시 주변 전문가와 상담하여 결정하는 지혜를 발휘한다.

과거의 수치만 보지 말고 1 기간수익률과 연환산수익률, 2 세전수익률과 세후수익률, 3 과거 수익률의 변동 폭, 4 위험관리지표와 비교한 수익률을 점검하고 구분할 줄 알아야 하고, 5 선택 가입할 보험사와 보험사가 선정한 운용사를 눈여겨본다.

## 7. 투자비용으로 지불한 값 이상의 정보를 받아내라

사업비와 판매수수료로 지불된 본전은 반드시 뽑으려 노력하는 의지에서부터 펀드투자는 시작된다. 수수료는 펀드 가입에 대한 대가성 보수이므로 그 대가를 펀드 가입자가 확실히 받아야 펀드 수수료를 지불한 효용가치가 있다. 대충 가입하지 말고 펀드판매자에게 모든 정보자료를 달라고 당당히 요구하고 상품 내용을 꼬치꼬치 캐물으면서 판매수수료(사업비 포함)를 지불한 값을 판매사에게 확실히 받아내도록 한다.

미국은 펀드 판매수수료율이 상대적으로 한국보다 적은 편인데도 투자자들이 각종 정보자료를 받아내는 데 적극성을 보인다. 그 적극성이 자신의 소득증가로 귀결됨은 당연한 결과이다. 모르는 것은 당당히 묻고 정보자료도 당당히 요구하고 마음에 안 들면 당당하게 거절할 줄 알아야 하며, 마음에 들면 사후관리 서비스 여부도 당당히 요구해야 한다. 가입자로서의 권리 행사를 해야 한 푼이라도 더 이익을 볼 수 있다.

### 8. ISA계좌, 변액보험, 해외펀드 등 인기 높은 장대펀드 가입

여러 판매회사에서 비슷한 유형의 펀드상품을 많이 판매할 때는 그 펀드를 가입한다. 좋은 상품은 맨 처음 만든 회사에서 3개월 동안 독점적 지위에 놓이게 되어 다른 회사에서 판매할 수 없다. 그러나 3개월 이후에는 가능한데 이때 다른 회사들이 그 상품을 덩달아 판매한다면 좋은 상품이라 할 수 있다. 상품이 잘 팔리는 것은 다른 곳에서도 비슷한 상품구조로 취급하므로 이런 상품을 골라 가입하는 것이 상책이다. 변액보험이나 적립식펀드 모두 마찬가지이다.

펀드매니저 1인당 펀드운용액이 적은 소형 펀드는 생명력이 짧을 수 있고 펀드운용사에 이익이 별로 발생하지 않아 수익관리에 소홀해질 우려가 있으므로 장대펀드를 찾아 가입하는 것이 바람직하다. 이 경우 5년 이상 가입하면 만 55세 이후부터 연금을 받을 수 있는 장기저축펀드, 10년간 유지 시 비과세되는 해외펀드(역내펀드)나 5년간 유지 시 비과세되고 적금·펀드·파생상품 등으로의 다양한 포트폴리오가 가능하여 만능통장이라 불리는 ISA 계좌, 즉 개인종합자산관리계좌(ISA : Individual Savings Acccount)를 통해 펀드에 투자하는 것도 좋은 방법이다.

### 9. 비과세되는 펀드는 무조건 가입

금융상품에 가입할 경우 이자소득세, 배당소득세 또는 매매차익에 대한 원천징수는 재산형성을 통한 목돈마련에 있어서 매우 큰 걸림돌로 작용한다. 비과세 펀드상품은 절약된 세금만큼의 이자수익을 제한 없이 누릴 수 있는 최고로 안정적인 재테크상품이다. 이에는 발생한 수익에 대하여 5년간 200만 원까지 비과세(200만 원 초과분은 9.9% 분리과세)되는 ISA계좌, 매매차익과 평가차익, 환차익까지 모두 1인당 3,000만 원까지 10년간 비과세되는 해외펀드, 5년 이상 유지하면 매년 400만 원 한도 내에서 12%까지 세액공제가 되는 연금저축펀드, 10년 이상 유지 시 완전비과세되는 변액보험, 펀드 내 보유주식의 매매로 인한 양도차익에 대해 비과세하는 주식형·인덱스형 등의 국내펀드 등이 있다.

이들 비과세상품과 세금우대상품 등 절세형 상품은 중장기적으로 여유를 갖고 투자할 때 적합한 펀드이다. 펀드투자를 처음 하는 사람이라면 최초 가입할 때 절세형 펀드를 선택해 추가수익률을 올리는 것이 가장 중요하다.

### 10. 국내펀드와 해외펀드 간 포트폴리오 리밸런싱

펀드투자 시 어느 한 펀드에만 투자하면 펀드기준가에 변동성이 심할 경우 투자리스크를 헤지해 나갈 방법이나 회피할 묘책이 없다. 이런 경우를 대비해 국내펀드와 해외펀드를 적절히 투자해 운용한다면 시장의 변동성에 능동적으로 대처해 실익을 챙길 수 있다. 이 경우 가계자산의 안분비례를 먼저 하고 난 후 분산투자를 한다. 단, 모르는 길을 개척해 나가야 하는 만큼 그에 따른 위험성 또한 생각하면서 더 많은 펀드 내공을 쌓는 것 또한 잊지 않는다.

### 투자 가이드

#### 개인종합자산관리계좌(ISA : Individual Savings Acccount)

비과세상품으로 자체 내에서 주가연계증권(ELS : Equity-Linked Securities), 파생결합증권(DLS : Derivative Linked Securities)이나 펀드, 채권 등 다양한 저위험·고위험 상품에 자유롭게 배분, 동시에 분산투자를 할 수 있어 만능통장으로 불린다. 적금에서 채권형펀드로 갈아탔다가 다시 주식형펀드, 인덱스형펀드 또는 환매조건부채권(RP : Repurchase Agreements)으로 옮기는 등 ISA계좌 내에서 얼마든지 이동이 가능하다. 연간 2,000만 원까지 가입 가능하며 의무가입기간은 5년(단, 청년 및 총급여 5,000만 원 이하 소득자는 3년)이다. 발생한 수익에 대해서 5년간 200만 원까지는 완전비과세(200만 원 초과분은 9.9% 분리과세 적용)이다.

ISA계좌를 가입하려면 투자성향별로 금융회사가 제시하는 정형화된 모델포트폴리오를 잘 살펴보고 그중 자신에게 맞는 상품을 선택한다. ISA계좌는 5년 동안 유지해야 비과세 혜택이 적용되므로 중도해지하면 정상과세한다. 단점으로는 5년간 해지할 수 없어 유동성이 떨어지고, 수수료(신탁형은 약 0.3%, 일임형은 약 1.0% 정도)는 투자이익의 여부에 상관없이 원금에 대하여 매년 약정수수료를 부과하기 때문에 저금리시대 예금이나 적금을 ISA와 연계하여 가입하면 별로 도움이 되지 않는다. 수익을 올리기 위해서는 펀드나 파생상품에 투자한다.

계좌통합관리서비스는 은행창구는 물론 관련 홈페이지와 모바일앱 등 비대면 채널을 통해서도 이용할 수 있다.

## 펀드위험도 알려주는
## **위험관리지표**

### 위험관리지표 알아야 안전수익 가능

가장 이상적인 투자란 위험은 적고 수익률은 높은 것이다. 모든 투자에는 투자한 돈(원금)에서 손실을 볼 확률(투자위험)이 크면 클수록 기대수익은 상대적으로 더 커지는 위험과 수익의 반비례법칙이 적용된다. 펀드투자의 기본 원칙은 'No Risk, No Gain & High Risk, High Return'이다. 이는 실적배당형 상품에 가입할 경우에는 언제나 투자리스크가 상존하므로 항상 위험도를 고려하면서 투자에 임해야 함을 의미한다.

위험부담이 많으면 수익도 많이 나서 그 파이도 커지지만 잃을 때는 또 많이 잃게 된다. 반대로 위험을 적게 부담하면 얻을 때는 조금 얻고, 잃을 때 또한 조금만 잃게 된다. 투자한 펀드에 대해 적극적으로 위험을 관리하기 위해서는 위험에 능동적으로 대처해 나갈 수 있도록 펀드를 가입하기 전에 조금이라도 위험요소를 회피할 수 있는 방법을 찾아야 한다.

## 펀드위험도 체크하는 다섯 가지 방법

펀드투자로 고수익을 올리려면 반대편 대척점에 항상 위험요소가 상존하기 마련이다. 펀드를 고를 때는 수익률 성과만큼이나 위험도도 비례하여 높아지므로 다양한 위험관리지표를 따져본다. 특히 펀드투자기간이 길수록 위험관리지표를 살펴봐야 하는데 이는 수익률 제고에 있어서 매우 중요한 요소이다. 펀드투자에서 '위험'이란 시장의 변동성을 의미한다. 주식, 채권, 파생상품 등 시장의 가격은 항상 변하기 때문에 펀드도 지속적으로 가격 변동이 발생하며, 이런 자산의 변동성을 '위험도'라고 한다.

펀드위험도를 체크하는 방법은 크게 나누어 ① 펀드의 자산 보유내역을 확인하고 체크하는 방법, ② 최근 펀드 규모 증가 여부 확인을 통해 체크하는 방법, ③ 미래의 위험 측정의 지표로 삼기 위해 과거 수익률의 변동성을 살펴보는 방법, ④ 펀드매니저의 교체 여부를 통해 확인하는 방법, ⑤ 목표수익률을 고려하여 펀드의 구성 내용을 살펴보는 방법 등이 있다.

이런 위험을 미리 감지해 주는 것이 표준편차, 샤프지수, 트레이너지수, 베타(β)계수, BM초과수익률, 젠센지수 등의 위험관리지표이다. 위험관리지표들은 서로 밀접한 상관관계를 가지고 있어서 분산투자가 잘 되어 있는 펀드일수록 이들 지수의 평가가 유사하게 나타난다.

## 표준편차 낮을수록 수익률이 안정적인 펀드

표준편차(Standard Deviation)는 개별 펀드의 수익률이 동종의 펀드 유형 평균에서 어느 정도 움직이는가를 측정한 값으로 한 펀드의 수익률이 얼마나 큰 폭으로 오르내리는지 펀드수익률의 총 변동성을 나타내 주는 대표적인 위험관리지표이다. 표준편차가 크면 클수록 수익률이 아래나 위로 많이 움직였다는 뜻이며, 그만큼 해당 펀드의 투자위험도가 높다는 것을 의미한다. 반대로 표준편차가 낮으면 낮을수록 안정성이 높은 펀드이다. 따라서 동일한 수익률 수준이라면 변동성이 작은 것이 더 안정적으로 수익률을 유지해 주는 것이라 할 수 있으므로 동일 유형의 펀드가 수익률이 엇비슷하다면 표준편차가 낮은 것을 선택하는 것이 바람직하다.

## 샤프지수 클수록 수익률 좋은 펀드

샤프지수(Sharpe Ratio)는 특정 펀드가 투자기간 동안에 1단위의 위험자산에 투자함으로써 획득한 초과수익의 정도를 나타내는 지표이다. 즉, 수익률을 표준편차로 나눈 값으로 1이라는 위험을 부담하는 대신 얻은 대가인 초과수익이 얼마인가를 측정하는 지표이다. 샤프지수의 값이 높으면 높을수록 위험을 감안한 후 투자성과의 결과물인 펀드수익률이 우수하다는 것을 의미한다. 샤프지수는 매주 또는 매년 투자수익률로부터 펀드의 수익률을 비교하는 기준 수익률인 벤치마크 수익률을 차감하여 산출된다.

### 트레이너지수 클수록 수익률 좋은 펀드

트레이너지수(Treynor Ratio)는 펀드의 체계적 위험인 베타계수(β)를 이용하여 펀드 성과를 평가하는 지표이다. 한 단위당 무위험 초과수익률을 나타내는 지표로 수익률 대 변동성 비율이라고도 하며, 그 값이 클수록 펀드 성과가 우월한 것으로 평가된다. 샤프지수와 트레이너지수는 모두 위험이 수익에 기여한 정도를 측정하기 위한 지표인데 샤프지수는 분산투자를 고려하지 않고 펀드의 전체 위험을 사용한 것이고, 트레이너지수는 분산투자를 전제로 체계적 위험만을 고려하여 측정한다는 점이 다르다.

### 베타(β)계수 클수록 시장수익률 보다 높음

베타(β)계수(Beta Coefficient)는 표준편차 다음으로 펀드의 체계적 위험을 측정하는 대표적인 지표로서 증권시장 전체의 수익률 변동이 발생했을 때 이에 대해 개별 기업의 주가수익률이 얼마나 민감하게 반응하는지 개별 자산 수익률의 민감도를 측정하는 계수로 활용하고 있다.

베타계수가 1이면 펀드수익률이 종합주가지수 상승률을 그대로 반영한다는 의미로 펀드수익률이 주식시장과 동일한 흐름을 나타낸다. 따라서 베타계수가 1보다 높으면(커지면) 그만큼 시장수익률을 상회한다는, 즉 시장평균보다 해당 증권의 위험 및 기대수익률이 크다는 의미이다. 반대로 1보다 작거나 마이너스(-) 값이면 시장수익률보다 펀드수익률이 떨어지거나 또는 마이너스 수익률을 보인다는 것으로 위험과 기대수익률도 작아짐을 의미한다.

베타계수의 값이 1보다 높으면 주가의 탄력성이 좋아 강세장에서는 고수익을 올릴 수 있지만 반대로 약세장에서는 다른 종목보다 더 많은 손해를 입을 수도 있다. 예를 들어, 종합주가지수를 벤치마크로 하는 A펀드의 베타계수가 1.2라면 종합주가지수가 10% 움직였을 때 해당 펀드는 12%를 움직여 그만큼 수익률을 더 낸 것이고, 반대로 베타가 0.8이라면 해당 펀드는 8%를 움직여 시장수익률보다 더 적게 수익률을 올리는 것이다.

### BM초과율 높은 상품일수록 좋은 상품

BM, 즉 벤치마크(Bench Mark)란 모든 펀드가 가지고 있는 자산운용의 목표를 일컫는 것으로 펀드 운용성과를 비교하는 기준이 되는 지표를 말한다. 투자성과인 펀드의 수익률을 평가·비교하기 위한 측정기준이 되는 지표로 펀드매니저의 운용능력을 평가하는 기본적인 잣대로 사용된다. 따라서 BM수익률은 운용사가 설정한 시장에서 해당 펀드에 기대하는 목표수익률 기준치를 말한다. 펀드가 BM수익률을 초과하는 성과(BM초과수익률)를 나타낸다면 시장수익률보다 더 나은 성과를 얻고 있으므로 펀드 운용이 잘 되고 있다고 보면 된다.

펀드 유형에 따라 벤치마크 수익률도 다양하게 구성된다. 주식형펀드는 주식시장의 수익률을 벤치마크로 삼고 있는데 일반적으로 KOSPI200지수나 종합주가지수가 BM수익률이 된다. MMF는 콜금리나 CD금리가, 채권형펀드는 3년 만기 국채 또는 1년 만기 통안채 금리가 BM수익률이 된다. BM초과수익률은 시가평가를 원칙으로 하는 펀드의 경우 절대수익률을 벤치마크로 삼을 수 없는 속성을 가지고 있어 대부분의 펀드평가회사가 절대수익률보다는 BM초과수익률로 펀드를 평가하고 있다. 그러나 펀드평가사마다 각기 다른 BM 적용기준을 갖고 있으므로 잘 살펴본다.

### 젠센지수 높은 펀드가 고수익 실현

젠센지수(Jensen's ratio)는 특정 펀드에 대해 기대하는 수익률과 실제로 달성된 수익률과의 차이를 나타내는 지표이다. 개별 펀드의 실제 수익률이 시장균형을 가정한 경우의 수익률보다 얼마나 높은지를 나타내는 지표로 젠센척도 또는 젠센알파지수라고도 한다.

젠센지수가 높을수록 펀드의 평가(위험 대비 운용성과)가 우수하여 실제 투자가 성공적이었다는 것을 나타낸다. 즉, 젠센지수가 '-'를 나타내면 펀드수익률이 시장수익률보다 못하다는 것을 뜻하고, '+'를 나타내면 해당 펀드의 수익률이 시장수익률보다 우수한 펀드임을 의미한다. 따라서 젠센지수가 높은 펀드를 선택해 가입해야 고수익을 실현할 수 있다.

앞에서 설명한 위험관리지표들이 펀드의 위험도 등을 측정하는 절대적인 지표는 아니다. 투자의 결과는 본인이 책임져야 하므로 본인이 좋은 펀드를 선택할 수 있는 전문가가 되어야 한다. 특히 단기간 수익률과의 연관성을 갖기는 더욱 힘들기 때문에 절대적으로 의존하지 말고 펀드 가입에 필요한 여러 고려사항 중 하나로 인식하면서 주시하는 것이 바람직하다. 또한 이들 지수의 산출방식은 매우 복잡해 일반투자자들이 직접 구하기는 쉽지 않은 만큼 펀드평가사의 홈페이지 등을 통해 파악한 후 펀드 가입 시 참고하면 도움이 된다.

### 펀드 유형별 기대수익률과 투자성향 비교·분석

| 구분 | 펀드 유형 | 투자위험 | 투자성향 | 투자 적정기간 | 투자방법 | 기대수익률 | 이익 추구 |
|---|---|---|---|---|---|---|---|
| 적립식 펀드 | MMF | 저위험 | 저수익 | 1년 이하 최단기 | 적립식, 거치식 | 시장금리 | 안정수익 |
| | 단기채권형 | 저위험 | 저수익 | 3개월~<br>1년 이하 단기 | | 시장실질금리 | 안정적인 이자수익 획득 |
| | 채권형 | 저위험 | 중수익 | 1년 이상 | | 시장실질금리 | |
| | 혼합형 | 중위험 | 중·고수익 | 3~5년 | | 중수익률 | 이자수익 및 자본소득(목표자금마련 시점에서 적기 환매 중요) |
| | 펀드오브펀드 | 중위험 | 고수익 | 3~5년 | | 고수익률 | |
| | 인덱스형 | 중위험 | 고수익 | 3~5년 | | 고수익률 | |
| | 부동산펀드 | 중위험 | 고수익 | 2년 이상 | | 고수익률 | |
| | 주식형 | 고위험 | 고수익 | 3~5년 | | 고수익률 | |
| | 해외펀드<br>(역내·외 펀드) | 고위험 | 최고수익 | 3년 이상 | | 최대수익률 | |
| | 하이일드펀드 | 고위험 | 최고수익 | 3~5년 | | 최대수익률 | |

| | | | | | | | |
|---|---|---|---|---|---|---|---|
| 변액보험 | **변액유니버설보험** | 저위험 | 보수적 운용, 고수익 지향 | 10년 이상(목적자금 달성 시까지) | 적립식, 거치식 | 펀드종목별 상이 | 이자수익, 자본소득, 생활보장 |
| | **변액연금보험** | 저위험 | | 10년 이상(연금전환 시까지) | | 펀드종목별 상이 | |
| | **변액종신보험** | 저위험 | 생활보장 우선, 안정지향 | 종신 | | 상품 및 펀드 종목별 상이 | 생활보장(보장자산) |

## 펀드투자
## 성공 위한 7원칙

펀드투자로 돈을 많이 벌어 부자가 되려면 펀드투자 성공을 위한 7원칙인 ① 궁합투자, ② 장기투자, ③ 분산투자, ④ 정액적립식투자, ⑤ 여유투자, ⑥ 선택투자(판매사 및 판매도우미), ⑦ 재무투자의 룰을 반드시 지켜 나가야 한다.

좀 더 자세히 살펴보면 ① '인생 5L'을 기초로 하면서 자신의 투자성향에 가장 알맞은 펀드를 선택하는 궁합투자, ② 단기간 고수익을 올리려는 것이 아닌 장기간 지속적으로 안정적인 고수익을 실현하려는 장기투자, ③ 어느 한 펀드에만 투자하지 말고 투자리스크를 헤지하기 위해 펀드종목별 또는 투자지역별로 적절히 투자하는 분산투자, ④ 매월 정기 정액식으로 균등히 투자하여 코스트 애버리징 효과를 누리는 정액적립식투자, ⑤ 빠듯한 자금을 갖고 투자하는 것이 아니고 어느 정도 여유자금으로 투자에 임하는 여유투자, ⑥ 자신이 투자할 판매사와 운용사, 특히 지속적으로 조언을 구할 펀드 도우미인 판매원을 올바로 선택하는 선택투자, ⑦ 일시적인 고수익 실현이 아닌 생애 전반에 걸친 재무설계

의 일환으로 투자하려는 재무투자 등 일곱 가지 투자 로드맵을 지켜 나가야 한다

## 투자목적과 성향 판단 후 펀드투자 수단을 찾아라

펀드도 속궁합과 겉궁합이 잘 맞아야 한다. 펀드의 겉궁합은 투자목적과 목적자금마련기간, 투자성향, 투자방법, 투자여력 등을, 속궁합은 펀드상품과 펀드 내 포트폴리오 구성방법, 펀드 개별 상품의 특성 등을 의미한다. 자신의 투자성향과 투자목적을 고려하여 가장 적합한 펀드 유형과 스타일을 선택하는 눈높이 투자전략이 중요하다. 투자목적과 성향을 고려하지 않고 투자수단만 찾으면 이는 투자의 맥을 잘못 짚는 것이다. 뚜렷한 재테크 목적의식 없이 가계자금에 대한 자산 배분과 종목 선정에 치우쳐 너무 앞서가는 투자를 한다면 낭패를 볼 수 있다.

펀드투자에 앞서 먼저 어떤 성격의 펀드를 가입할 것인지 선택한다. 내 몸에 맞는 옷이 자연스럽게 어울리듯 자신의 투자성향이 보수적인지, 안정지향적인지, 중도지향적인지, 공격지향적인지를 체크한다. 또한 위험회피형인지, 위험중립형인지, 위험선호형인지를 판단한다. 그래야만 주식편입비율이 높은 펀드를 선택할 것인지, 채권편입비율이 높은 펀드를 선택할 것인지, 선물 및 옵션 등 파생상품 비중이 높은 펀드를 선택할 것인지를 결정할 수 있다.

과감한 투자로 높은 수익을 얻고 싶다거나 고수익을 위해서는 어느 정도의 위험을 감수할 수 있다면 투자 메리트가 있는 주식편입비율이 높은 펀드 중 가치주형펀드를 선택할 것인지, 성장주형펀드를 선택할 것인지, 해외 주식투자 전용 펀드인 해외펀드를 선택할 것인지 등을 결정한다. 해외펀드 중 역내펀드는 10년간 3,000만 원까지 비과세 혜택이 있다. 즉, 매월 25만 원씩 10년간 납입하면 매매차익과 환차익에 대해서 비과세된다. 그러나 역외펀드는 환매할 때 정상세금을 부과하여 역내펀드와 달리 펀드 내 환헤지가 어려워 환율변동에 따른 위험도가 크므로 신중히 선택한다.

주가지수가 오르는 만큼 수익을 내길 원한다면 주가지수와 관련 있는 상장주펀드나 인덱스형펀드, 주가연계투자형상품 아니면 배당주형펀드를 선택할 것인지 등을 결정한다. 은행예금보다 높은 수익을 낸다면 좋겠지만 큰 위험은 피하고 싶다면 비과세형펀드를, 주가와 상관없이 투자 원금을 지키면서 꾸준한 수익을 내길 원한다면 채권형펀드가 바람직하다.

주식편입 비중이 높은 상품일수록 고수익을 올릴 수 있는 확률이 높다는 장점이 있지만, 위험손실을 입을 가능성 또한 더욱 높다는 단점이 있다. 반대로 채권형펀드는 투자안정성은 매우 높지만 고수익률을 기대하기는 힘들다는 단점이 있으므로 투자성향과 기대수익률, 목적자금마련기간 등을 종합적으로 고려하여 선택한다.

가입 초기부터 환매 시까지 안정성과 수익성, 유동성을 모두 다 충족시켜 주는 펀드는 없으므로 이의 적절한 조화를 이루도록 하면서 자신이 어느 쪽을 더 선호하는지를 판단해 그에 부합되는, 즉 자신과 가장 궁합이 잘 맞을 것 같은 펀드상품들을 눈여겨보면서 비교·선택하는 것이 바람직하다.

• 3장 •

# 펀드로 목돈 만들기

일단 투자하면

기대수익이 날 때까지 끈기를 갖고 지켜보라.

- 워런 버핏

# 투기 말고 **투자를 하라**

처음 펀드투자를 하는 사람들은 누구나 고수익이 실현되기를 갈망한다. 그래서 투자가 아닌 투기를 하려 하고 기대수익률을 매우 높게 잡는다. 그런 펀드투자자의 심리를 이용해 펀드판매사는 과거 수익률 중 가장 높은 꼭짓점의 펀드수익률을 시뮬레이션해 주기도 한다.

그런데 여기서 꼭 알고 가야 할 사실은 "투기보다는 투자를 하라"는 말이다. 펀드투자의 귀재로 미다스의 손이라 칭송받고 있는 워런 버핏(Warren Buffett)이 한 말이다. 이 말은 정도에 입각해서 펀드시장의 수익률을 좇아가는 투자를 하라는 의미이다. 또한 펀드투자로 성공한 부자들은 터무니없이 높은 수익률은 바라지 않는다는 사실이다. 그들은 현실적인 수익률을 최상의 목표로 한다.

펀드투자는 평균매입단가 원리상 중장기간 지속적으로 고수익을 올리는 상품이 될 수 없는 구조를 갖고 있다. 즉, 주가가 떨어져도 큰 손실을 보지 않으면서 주가가 올라도 주식처럼 바로 고수익을 실현해 주지 못하는 안정수익 추구형의 상품이라는 점을 반드시 기억해야 한다. 간접투자상품은 시장평균수익률을 지향하므로 고수익을 노리는 직접투자상품이 아니라는 점을 반드시 기억하고 접근해야 한다. 펀드 특성에 따라 수익률이 어느 정도 제한적인 비율로 나타날 수밖에 없다는 사실을 알아두자.

**직접투자 및 간접투자를 할 경우 투자대상별 수익률 평균 기대치**

| 구 분 | 직접투자 시 | | | 간접투자 시 | | | |
|---|---|---|---|---|---|---|---|
| 투자대상 | 부동산투자 | 주식투자 | 동산투자 | 적립식펀드 | 변액보험 | 은행 예·적금 | 저축성보험 |
| 수익률 정도 | 상 | 상 | 중상 | 중상 | 중 | 하 | 하 |
| 투자리스크 | 상 | 상 | 중상 | 중상 | 중 | 하 | 하 |
| 투자기간 | 중장기 | 중단기 | 중장기 | 중단기 | 최장기 | 단기 | 장기 |

가치투자의 창시자인 벤자민 그레이엄(Benjamin Graham)은 "건전한 투자를 하려면 안전성과 수익성을 동시에 고려하라"고 조언했다. 그 말의 의미를 되새기면서 가치투자의 길로 들어서야 목적자금 달성을 잘 매조지할 수 있다. 시장수익률보다 상회하는 정도의 안정된 투자수익을 올리겠다는 목표를 갖고 투자에 임해야 보다 더 큰 실속으로 와닿는다.

# 누릴 권리는 줄이고 **얻을 수익을 올려라**

다른 금융상품에 가입할 때보다 간접투자상품인 적립식펀드와 변액보험을 선택해 가입할 경우에는 투자자 스스로 포기해야 할 권리가 더 많다는 사실을 알아야 한다. 투자란 그 속성상 얻은 만큼 자칫 잘못하면 잃게 되는 것이 기본 생리이므로 투자자가 누려야 할 권리 또한 상대적으로 박탈(?)당하게 된다. 따라서 누릴 권리를 줄이고 얻을 수익을 더 찾는 것이 간접투자의 비법이요, 펀드투자를 통해 보다 더 높은 수익률을 올리는 현명한 방법이다.

'모든 선택에는 그 대가가 있다'는 경제학의 기본 원칙이 펀드에도 그대로 적용된다. 그래서 더 많은 이익을 창출하기 위해서는 권리를 포기해야 할 때가 있는데 그 시점은 바로 펀드를 선택해 계약서에 서명하는 순간부터이다. 그렇다면 고수익을 올릴 수 있는 기회를 얻는 대신 무엇을 포기해야 할까? 펀드에 투자하려고 마음먹었다면 다음 사항들을 어쩔 수 없이 포기해야 한다. 다음의 내용들을 포기하고 편안한 마음으로 고수익을 향한 무공해 재테크 씨앗을 심도록 하자.

### 펀드 선택 시 포기해야 할 권리 여섯 가지

첫째, 투자 주체로서의 권리를 포기해야 한다. 펀드투자는 자기책임원칙 하에 이루어지므로 투자에 대한 책임은 판매사 또는 운용사가 지지 않고 가입자(투자자)가 전적으로 진다.

둘째, 원금 확보의 권리를 포기해야 한다. 펀드는 확정금리형 상품이 아닌 실적배당형 상품이다. 투자손실이 발생할 때는 원금 손실 또한 발생할 수 있다는 사실을 스스로 인식하고 이를 받아들인다.

셋째, 단기간에 고수익을 올리려는 생각은 접는다. 펀드는 단기간에 고수익을 실현해 주는 상품이 아닌 중장기에 걸쳐 수익률을 시장의 실질 수익률을 상회하는 정도로 올리는 것을 목표로 하는 상품임을 인식한다.

넷째, 자산운용전문인력의 능력을 믿어야 한다. 펀드에 가입했다는 것은 투자대상과 방법 등 펀드 운용 일체를 일임한 것이므로 일단 가입하면 펀드매니저의 운용능력을 믿어야 한다.

다섯째, 안전성의 책임을 스스로 짊어져야 한다. 펀드 가입 후 스스로 자구책을 마련해 나가야 한다. 누가 도와주지 않는다. 특히 10년 이상 장기투자하는 변액보험은 적립식펀드보다 사후관리가 매우 중요하므로 보험사와 보험컨설턴트를 잘 만나야 한다.

여섯째, 투자비용이 상대적으로 많이 나간다. 펀드는 전문가에게 투자를 일임하는 간접투자상품이다. 믿고 맡기는 대가로 신탁보수 등 각종 수수료와 비용을 지불한다. 수수료도 훨씬 많다. 비용의 종류가 다른 금융상품보다 다양하고 규모도 더 크며, 경과기간이 길수록 비용 또한 많아진다.

앞에 열거한 여섯 가지의 권리를 포기하는 대가로 고수익이 발생할 경우 그 이익분에 대해서 정당하게 배당을 받을 권리를 자연적으로 획득하게 된다. 또한 자칫 이 권리들을 포기함에 따라 오히려 투자리스크를 스스로 책임져야 할 상황이 있을 수 있음을 늘 유념하면서 펀드투자를 하기 전 고수익 로드맵과 그 솔루션을 이 책을 통해서 확실히 알아야 한다. 그래야만 펀드 변동성 발생 시 위험회피를 적재적소에 할 수 있는 역량을 구축하여 원하는 기대수익률(Expected Rate of Return)에 접근할 수 있게 된다. 포기해야 할 권리를 가슴에 새기고 난 후 펀드투자의 길로 들어서야 보다 안전한 재테크 여행을 통해 고수익을 실현하여 더 큰 목돈을 마련할 수 있다는 점을 명심하라.

## 과거의 펀드수익률에 연연하지 마라

세 명의 운동선수가 있다. 한 명은 작년 경기에서 1등을 한 선수이다. 그런데 이 선수는 기복이 좀 심한 편이다. 잘할 때는 굉장히 잘하는데 못할 때는 죽을 쑤는 스타일이다. 또 한 명은 올 초 경기에서 1등을 한 선수이다. 혜성같이 나타나 잘하기는 하는데 풍문에는 약물을 복용하고 나왔다는 이야기가 떠돌아 전문가들이 100% 신임하지 못하고 있다. 또 다른 한 명은 앞의 두 선수보다는 못하지만 꾸준히 실력이 향상되어 기복이 없는 선수이다. 아직 선두를 달려가고 있지는 못하지만 몇 년 동안 고된 훈련을 거듭해서 지금은 서서히 정상을 향한 가시권에 들어오고 있다.

당신은 어떤 사람에게 배팅을 걸겠는가? 사람마다 다르겠지만 필자는 세 번째 선수에게 걸겠다. 앞으로 정상으로 성장할 만한 자질이 있고 또 그런 싹수가 보이기 때문이다. 바로 펀드상품이 그런 맥락과 같다. 올해는 수익률이 좋은 펀드들이 다음 해에는 바닥권을 헤매는 경우가 적지 않다. 따라서 무작정 과거의 수익률만 믿고 가입하는 것은 피해야 한다. 펀드의 과거 수익률은 단지 참고만 해야 한다.

세계적 펀드평가사인 스탠더드앤드푸어스(Standard & Poors)사가 분석한 바에 따르면 펀드의 과거 수익률이 현재의 성과를 나타내는 정도는 33%에 불과하다고 한다. 즉, 과거 높은 성과를 올렸던 펀드 3개 중 2개는 저조한 성과에 머물렀다는 것이다. 펀드 가입의 목적인 목돈을 찾을 시점의 펀드기준가가 얼마가 되는가가 기대수익률을 증가시키는 데 있어서 가장 중요하게 작용하므로 과거 수익률보다는 앞으로 펀드가 얼마나 잘 운용되어 기대수익률이 현실화될 수 있을 것인지에 대해 냉철하게 평가하여 펀드를 선택해야 한다.

일반적으로 적립식펀드를 가입하려는 사람들은 펀드평가사나 언론을 통해 보도되는 수익률이 높은 상위 펀드에만 관심을 가지는 경향이 많은데 이렇게 했다가는 자칫 오류를 범하기 쉽다. 그런 펀드들이 설령 지금까지는 높은 투자수익률을 올렸다 하더라도 앞으로도 계속 그와 같은 수익률을 지속적으로 올릴 수 있다는 확증이 없기 때문이다. 최근 단기수익률이 높다는 것은 역으로 이미 과대 평가됐을 가능성도 높다는 전조현상이라 할 수 있다.

우리나라 펀드시장의 수익률을 관찰해 보면 매년 고르게 투자수익이 나지 않는다. 일정 기간은 수익이 올라가다가 하향곡선을 나타내는 경우가 많다. 한때 잘나갔던 펀드나 변액보험상품들이 요즘 와서는 완전히 죽을 쓰듯 수익률이 형편없이 떨어졌거나 또는 판매중지된다는 사실들을 안다면 이는 바로 이해가 될 것이다.

세계적인 펀드투자의 대부 앙드레 코스톨라니(Andre Kostolany)는 "시세에 민감하게 반응하지 마라"고 경고했다. 단기 수익을 노려 펀드를 선택하거나 또는 잽싸게 팔지 말라는 것이다. 지금 가입하면 가입한 펀드의 투자수익률은 제로 베이스에서 출발하는 것일뿐 그간 해당 펀드가 올린 실적이 고스란히 반영되는 것은 아니다. 대체적으로 펀드투자를 한 지 2년 이내에는 변동성이 크므로 단기투자 시의 투자수익률을 논하는 것은 별로 의미가 없다. 최소한 3년 이상 중장기투자를 해나갈 수 있도록 미리 목적 자금마련 방법에 따른 투자계획과 재무설계를 철저히 세운 후에 펀드투자의 길로 나서는 것이 바람직하다.

따라서 시장과 비교해 수익률이 들쭉날쭉하는 펀드보다는 꾸준히 상승세를 타고 앞으로도 계속 꾸준한 수익을 올릴 펀드를 고르는 게 현명한 방법이다. 장기상품인 펀드에 투자를 할 경우 일단 좋은 펀드를 골라 가입했으면 단기간의 변동성은 당연히 있을 것으로 간주하면서 아예 무시하고 넘어가는 것이 때로는 상책이 될 수 있다. 펀드투자는 목적한 미래의 기간을 보고 하는 것이지 과거를 보고 하는 것이 아니라는 사실을 반드시 염두에 두면서 펀드투자의 길로 들어서자. 낭패 당하기 십상인 먹튀 펀드를 선택하는 우는 절대로 범하지 말아야 한다.

## 상대수익률과 실제 수익률을 살펴라

펀드투자 수익률을 평가하는 방법은 절대수익률과 상대수익률의 두 가지 관점에서 이뤄진다. 절대수익률(Absolute Return)은 투자원금 대비 얼마나 수익을 올리고 잃었는가를 가늠하는 수익률이고, 상대수익률(Relative Return)은 다른 펀드와의 비교를 통해 해당 펀드를 평가하는 기준율을  말한다.

따라서 투자원금 대비 얼마를 벌었는지 가름하는 절대수익률도 중요하지만 동종의 펀드들 중 자신이 가입한 펀드의 성과물은 어느 정도인지를 한눈에 알아보는 상대수익률도 눈여겨봐야 한다. 남들이 다 괜찮은 수익을 올리고 있다면 나 또한 그런 범위 내의 수익을 올려야 하는 것은 당연한 이치이다.

상대수익률을 평가할 때 주로 사용하는 평가지표가 해당 펀드가 추구하는 수익률인 벤치마크(Benchmark) 초과수익률이다. 현재 우리나라에서는 종합주가지수(KOSPI)가 대표적인 벤치마크로 자주 이용되고 있다. 벤치마크 초과수익률을 보다 더 높게 지속적으로 나타내는 펀드가 제일 좋은 펀드이므로 이런 펀드를 잘 골라서 가입해야 한다.

### 전약후강의 투자전략 추진

펀드투자를 할 때에는 중장기투자를 하는 것이니만큼 목적자금 달성을 위해 전강후약보다 전약후강을 투자수익률 제고 목표로 설정하는 전략을 추진해 나가도록 한다. 그래야만 투자수익률을 안전하고 확실하게 올릴 수 있다. 또한 중장기적으로 시장의 변동성에 능동적으로 대처해 나갈 수 있는 마음의 여유와 투자기술이 생긴다.

덧붙여 펀드투자를 할 때에는 자신의 투자성향과 경제력에 맞춰 중장기적으로 연령대별 펀드 포트폴리오를 하면서 반드시 목적자금을 마련할 때까지 잘 매조지하겠다는 굳은 마음을 갖고 신중하게 접근하는 자세가 필요하다. 안분비례에 입각해 현재의 재무 상태와 앞으로의 경제적 능력 등을 종합적으로 고려하면서 안정적이지만 저수익 구조인 저축상품과 다소 리스크가 뒤따르지만 고수익 구조인 투자상품을 병행하여 전약후강 또는 전중후강의 재무설계를 해 나간다.

### 운용방법 및 불입방법에 따라 수익률 차이 발생

동일한 상품에 가입했다 해도 펀드투자자들의 환매 시 실제 수익률은 각기 다르다. 만약 펀드상품의 유형이 같다고 해서 수익률도 똑같다든지 아니면 비슷하게 발생할 것이라고 생각하고 아무 상품이나 가입하면 안 된다. 자칫 목표치와 어긋나는 결과를 얻게 되어 많은 차질을 빚을 수 있다.

저축성상품도 납입금액과 납입 시기, 가입방법에 따라 각기 수익률이 다르게 나타나듯이 펀드상품도 해당 펀드의 공시수익률과 투자자 개개인의 펀드수익률 또한 모두 다 각기 다르게 표출된다. 펀드 매입 시 펀드기준가가 매일 새로이 반영되고 이에 따른 보유좌수 규모에 따라 수익률이 변하기 때문이다. 즉, 적립된 금액의 규모에 따라, 펀드 내 종목의 매매회전율에 따라, 불입방법에 따라, 불입 시기에 따라 환매 때 수익률 편차가 발생하게 된다.

따라서 공시수익률과 개개인이 가입한 펀드의 실제 수익률과는 어느 정도 차이가 발생한다는 사실을 알아 두어야 한다. 펀드수익률을 살펴볼 경우에는 펀드 간 상호비교를 할 경우에만 참고하면서 자세한 수익률을 알아야겠다면 해당 판매사의 콜센터에 직접 문의하는 것이 제일 현명한 처세이다.

# 환매수수료체계 알아야 손해 덜 본다

적립식펀드 가입 후 만기 이전에 환매하면 불이익을 당하게 된다. 적립식펀드는 계약기간이 있고 만기일이 정해져 있기 때문에 만기일 이전에 해지할 경우 약속 불이행으로 환매수수료가 부과되기 때문이다.

일반적으로 선취수수료를 적용하는 선취형펀드는 펀드 매입일이 만기일과 같은 개념이 되므로 환매수수료가 별도로 부과되지 않는다. 그러나 후취수수료를 적용하는 후취형펀드를 만기일 이전에 해지하는 경우에는 무조건 환매수수료가 붙는다. 약속한 만기일을 지키면 환매수수료는 당연히 없게 되는데 이에 대해서는 해당 약관에 명시되어 있으므로 꼭 살펴본다(※ 환매수수료는 펀드투자 수익분에 대해서만 부과하므로 손실이 발생하면 부과하지 않는다. 환매수수료는 판매사나 운용사의 수입이 아닌 중도환매에 따라 나머지 투자자들이 입게 될 투자손실을 보존해 주는 데 사용된다).

## 가입 후 90일 이전 환매 시

대부분의 펀드상품이 가입한 이후 3개월 미만에 환매할 경우 조기상환 수수료가 부과된다. 적립식펀드는 매달 일정액을 넣기 때문에 납입 시점으로부터 90일이 지나지 않은 수익금에 대해 환매수수료를 뗀다. 환매수수료 부과기간인 90일 내에 환매를 신청하면 투자 원금으로부터 수익금의 70%를 환매수수료로 내야 한다.

## 가입 90일 이후 만기 이전 환매 시

펀드 가입 후 유지하다가 만기 이전에 환매할 경우에도 환매수수료를 추징당한다. 투자신탁표준약관에 수익증권을 환매하는 경우 이익금을 기준으로 90일 미만 이익금의 70%를 환매수수료로 징수한다고 명시하고 있다. 이 경우 환매수수료 금액은 펀드운용사마다 약간씩 다른데 대부분의 적립식펀드가 환매 시점 최종납입일 바로 앞 90일까지 발생한 매수 원금에 대해 각각의 매수 원금에서 발생한 이익금의 70%를 수수료로 명목으로 평가금액에서 공제한다. 매월 펀드를 매입하는 매입건별로 90일을 계산한 다음 합산

### 추가형 VS 단위형 펀드

추가형펀드는 얼마든지 추가입금이 가능한 펀드로, 펀드가 처음 만들어진 이후에도 수익증권을 만들어 투자자에게 추가로 매각할 수 있는 펀드이다. 단위형펀드는 추가입금이 불가능한 펀드로, 맨 처음 펀드를 설정할 때 모집기간을 정했으므로 원본의 추가설정이 불가능하고 신탁기간이 정해져 있는 펀드를 말한다. 대부분의 추가형펀드는 적립식펀드에 속한다.

하여 환매수수료를 부과한다. 적립식펀드의 환매수수료 부과 시점은 최초 가입 시점이 아니라 마지막 납입 시점이다.

참고로 추가형펀드는 90일, 단위형펀드는 180일이 경과할 경우 환매수수료율을 자율적으로 결정하도록 하고 있지만 대부분의 운용사가 70%의 수수료를 물게 하고 있다.

# 길이 아니면
# **과감히 돌아서라**

## 최악의 상황을 염두에 두고 투자하라

중국 고대 경전 〈사기〉의 맹상군열전에 교토삼굴(狡兎三窟)이라는 고사성어가 있다. '토끼는 꾀가 많아 굴을 세 개 파놓고 위기를 모면한다'는 뜻이다. 영리한 산토끼나 다람쥐 등 작은 동물들은 항상 굴을 세 개 이상 만들어 놓아서 늑대나 호랑이 같은 맹수들에게 잘 잡히지 않는다.

투자할 때도 교토삼굴을 적용해야 한다. 이것이 바로 분산투자의 시금석이다. 단기·중기·장기를 잘 구분하여 그에 맞는 상품에 적절히 가입해야만 투자리스크를 극복해 나갈 수 있다. 자신이 추구하는 투자원칙에 어긋나거나 문제가 있다고 판단되면, 즉 벤치마크보다 저조한 투자수익률이 장기간 이어진다면 펀드 교체나 환매도 심각하게 고려해야 한다. 투자의 명인이라 일컬어지는 제럴드 로브(Gerald Loeb)는 "투자의 결과가 잘못되었을 때는 솔직하게 인정하고 재빨리 손을 빼는 것이다"라고 말했다. 때론 펀드도 이보 전진을 위한 일보 후퇴 차원의 투자전략에 따라 손절매를 할 필요가 있다.

## 가계자산에 대한 유동성확보를 고려하라

적립식펀드의 투자목적은 가계자산의 파이를 늘리는 데 있다. 그런데 정작 가계자산 운영에 누가 될 정도로 가구주원들이 벌어들이는 소득에 누수가 생겨서 펀드기준가의 고저 여부를 떠나 가입한 펀드의 중도환매를 심각하게 고려해야 하는 상황이라면 차라리 가입하지 않은 것만 못하다. 중도환매 시 손해를 볼 수 있으므로 반드시 가계 운용에 필요한 유동성확보를 미리 염두에 두고 여윳돈을 갖고 투자한다. 특히 변액보험은 해약환급금이 가입 초기에는 원금보다 훨씬 적게 나온다는 점을 간과해선 안 된다.

자산을 올바로 형성하고 관리해 나가려면 모든 금융기관과 부동산에 갖고 있는 자산을 포트폴리오에 입각해 안분비례해야 한다. 가계자산에 대해 분산투자 명목으로 펀드투자를 해야만 목적자금을 달성할 때까지 납입해 나가 소기의 성과를 이룰 수 있다. 일상생활에서 가계 운용자금에 여유가 생겨야 마음이 편안해지고 그래야 펀드투자의 혜안도 밝아지게 된다.

## 수명 다한 자투리펀드는 애물단지

수명 다한 자투리펀드는 시장에서 도태당해 애물단지로 전락할 가능성이 농후하므로 가입 전에 반드시 펀드가 언제 탄생했는지 확인한다. 펀드 내 종목을 사고팔 때에도 못난 자투리펀드보다는 신규 펀드 또는 주력 펀드 내 종목부터 매매 주문하는 것이 펀드투자의 기본 전략이다.

3년 이상 지났는데도 양호한 투자실적을 보이지 못하는 펀드들은 이미 수명이 다한 펀드라 할 수 있다. 연간 펀드 수탁고가 10억 원이 채 안 되는 펀드는 자투리펀드로 운용사나 판매사에 수익원천 구실을 별로 하지 못해 그냥 방치될 우려가 있으므로 수익률이 안정적으로 상향 추세를 이어 나가는 블루오션펀드를 찾아야 한다. 펀드시장에서 인기가 좋은 장기 대형 펀드 또는 양질의 리뉴얼(Renewal) 상품을 찾아 가입하는 것이 가장 바람직하다.

## 환매 시기 포착 후 리모델링하라

가입한 펀드가 수익이 저조하고 자신의 투자목적과 부합되지 않는다면 과감히 환매를 고려할 필요도 있다. 투자한 돈을 아까워하지 말고 물러날 때는 과감히 물러날 줄 알아야 한다. 중도에 과감히 해약하고 다른 투자의 길을 찾아 나서야 한다. 그것이 리스크를 조금이라도 더 피할 수 있는 방책이다.

변액보험은 비과세혜택이 적용되는 10년 이상 지난 때부터 목적자금 시기를 고려하여 투자수익률을 예의 주시하면서 해지 또는 중도인출 시점의 적기를 포착해 나가는 전략이 중요하다.

적립식펀드는 3년 이내라도 어느 정도 목표수익률에 도달했다면 환매하고 다른 양질의 펀드 가입을 고려해 보는 것도 괜찮다. 비슷한 수익률을 올릴 경우 3년이 지나면 펀드수수료로 빠져나가는 돈보다 중도환매 시 징수되는 해지수수료가 더 작아 신규 펀드에 재투자하는 것이 더 많은 이익이 날 수 있다. 단, 만기까지 목적자금마련을 염두에 두고 투자기간을 확실하게 설정했다면 만기 이후 적정한 시점에서 환매하는 것이 환매수수료를 징수당하지 않으므로 수익률 제고에 더 유리하다.

## 운용사와 판매사는 맞선 보듯 선택하라

### 펀드판매사와 운용사는 수익률제고의 양축

적립식펀드는 중장기투자상품이므로 단기시장대처능력보다는 안정된 수익률을 꾸준히 올릴 수 있는 자산운용사를 선택한다. 판매사가 고객들에게 장기분산투자를 권유하는데 자산운용사가 장기운용능력이 없으면 곤란하므로 자산운용사나 펀드매니저에 대한 투자적격성 여부를 면밀히 따져봐야 한다. 예컨대, 자산운용철학의 준수 여부, 부당한 자산운용 행위에 따른 처벌 유무, 펀드평가사의 평가 견해가 어떤지 등이 투자적격성의 바로미터이다.

펀드와 관련된 회사는 ① 상품을 판매하는 판매회사, ② 자금을 관리·집행하는 수탁회사, ③ 실제로 수익률을 내주는 자산운용회사, ④ 펀드 기준가 산정과 행정 업무를 총괄하고 있는 사무관리회사, ⑤ 펀드 평가를 하는 채권평가사와 펀드평가사(간접투자기구 평가회사), ⑥ 펀드 예탁·결제 업무를 담당하는 증권예탁결탁원, ⑦ 펀드자산을 관리·보관하는 자산보관회사, ⑧ 투자자문 업무와 투자일임 업무를 담당하는 투자자문회사 등 매우 다양하다.

이 중 투자자 입장에서 가장 중요한 회사는 자산운용사와 판매사이다. 펀드판매사는 은행, 증권사, 보험사, 자산운용사 등이 있는데 펀드 판매 및 관리와 관련하여 투자자들을 직접 접촉하는 모든 활동을 수행한다. 펀드판매사는 투자자들이 가입할 펀드상품 및 종목 선정과 운용사의 선택에 필요한 정보제공, 상담, 가입 권유 등 제반 업무를 담당하므로 투자자들의 펀드 선택에 거의 결정적 역할과 영향력을 행사한다. 자산운용사는 펀드 운용과 판매까지 겸하고 있다. 보험사들 중에서도 자체 내에 펀드 자산을 운용을 할 수 있는 특별계정운용팀을 만들어 펀드를 자체적으로 운용하는 곳도 있다.

### 운용 시스템이 투명하고 성과 올리는 운용사 선택

"신중한 투자를 위해서 밟아 나가야 할 가장 결정적인 단계 중 하나는 해당 사와 직접적으로 관련이 있는 사람들을 상대로 그 회사가 처해 있는 현재의 상황과 향후 전망을 알아내는 것이다. 이는 재무제표를 보는 것보다 더 유익하다."

현대적인 투자이론의 창시자로 불리는 증권분석가 필립 피셔(Philip A. Fisher)가 한 말로서 펀드투자 시 사전에 운용사의 운용철학과 운용원칙, 펀드매니저의 투자성향 등을 꼼꼼히 살펴본 후 펀드 판매와 운용을 동시에 잘 수행하는 운용사를 선정해야 투자

성과를 더욱 크게 올릴 수 있음을 의미한다.

### 사후관리까지 염두하고 변액보험 선택

변액보험 선택 시 가장 중요한 요소는 상품을 만든 판매사인 보험사와 상품을 판매하는 보험컨설턴트, 상품을 운용하는 자산운용사이다. 보험사는 향후 보험금 및 적립금 지급에 매우 중요한 결정적인 변수가 되므로 신중히 선택한다. 소중한 내 종자돈에 대한 미래 실적과 가장 큰 관계를 맺고 있는 것은 운용사이지만 그에 못지않게 판매사 또한 중요하다.

특히 보험사는 단순히 펀드만 관리하는 것이 아니라 보험까지 관리한다. 변액보험의 투자 성패 여부는 펀드의 운용성과와 보험사의 자산 건전성에 달려 있다. 운용사의 펀드 운용구성, 운용방침, 투자대상 선정, 운용방법 여하에 따라서 변액보험이 제 기능을 발휘하지 못할 수도 있다. 보험사의 자산 건전성, 사업비 부과규모, 고객에 대한 사후 서비스, 완전판매 등은 매우 중요한 요소이다.

### 판매사와 운용사 외에 수탁회사도 확인

수탁회사는 펀드에 모인 자금을 실질적으로 보관·관리·집행하는 기능을 담당하는 회사로 자산운용사의 펀드 운용방법이 투자자간에 약속한 신탁약관 내용과 위반되는 게 없는지 감시하는 역할도 수행한다. 또한 자산운용사의 펀드매니저가 수탁회사에 일일이 특정 주식을 매입하거나 매도 요청하면 수탁회사가 자금을 집행한다. 펀드투자자가 판매회사에 펀드 환매를 요청할 경우 판매회사는 수탁회사로부터 자금을 받아 투자자에게 돌려준다. 이처럼 수탁회사의 역할은 매우 중요하다.

설령 자산운용사나 판매사가 망하더라도 수탁회사가 건전하면 그리 걱정하지 않아도 된다. 투자자들의 돈을 실제로 보관하는 곳은 수탁회사이기 때문이다. 주로 대형 은행들이 수탁회사 역할을 한다. 이에 따라 자산운용회사가 작성한 보고서를 수탁회사가 확인하기도 하는데 펀드가 예금자보호법을 적용받지 못하는 실적배당 상품이므로 수탁회사 또한 투자자들 자산의 안전관리를 위해 그 역할이 매우 중요하다. 단, 원리금 보장 기능, 즉 최저보장보험금(펀드 운용실적과 무관하게 계약자에게 지급해야 하는 확정보험금) 기능이 있는 변액보험은 일반 보험과 동일하게 1인당 5,000만 원 한도로 예금자보호가 된다.

특히 대차대조표와 손익계산서, 현금흐름표, 이익잉여금 처분계산서 등 기업의 성적표인 재무제표는 운영사와 판매사의 경영실적을 가름하는 중요한 잣대가 되므로 반드시 살펴볼 필요가 있다.

### 투자 가이드

## 판매사와 운용사가 갖추어야 할 조건 12

1. 투명하고 안정성 있게 운용하여 펀드투자자들로부터 매우 평판이 좋은 회사
2. 펀드 수명이 길고 장기적인 투자원칙을 확고히 지켜 나가는 운용사
3. 펀드매니저가 권한과 책임을 갖고 만기까지 잘 운용할 수 있는 회사
4. 과거와 현재의 수익률 추이를 분석해 상대적으로 양호한 운용사
5. 운용철학과 원칙이 명약관화하고 운용 시스템이 투명한 회사
6. 벤치마크 수익률 이상의 고수익을 장기간 안정적으로 유지해 나가는 회사
7. 엄격한 사전·사후관리로 불완전판매를 사전에 차단하는 시스템이 완벽히 구축된 회사
8. 수수료와 사업비를 최대한 줄이고 투자자 이익 규모를 크게 하는 펀드멘탈이 강한 회사
9. 경영진의 건전한 경영철학과 건강한 조직문화로 체계적인 의사결정이 이루어지는 회사
10. 투자자 보호 활동과 그와 관련된 서비스 장치 마련에 매진하고 있는 회사
11. 투자자의 이익을 최우선으로 하는 성실성이 돋보이는 회사
12. 재무건전성과 경영실적이 매우 양호한 우량 회사

## 제1조건은 판매자의 펀드 가입 여부

### 판매자가 직접 가입했는지 확인하라

필자는 재테크할 때 투자대상이 부동산이든 펀드든 반드시 하나의 철칙이 있다. 또한 아내와 함께 백화점이나 전자상가에 물건을 사러갈 경우에도 필자만의 확고한 쇼핑철학이 있다. 투자의 철칙과 쇼핑철학은 그 미션과 어젠더가 비슷한데 바로 상품을 권유하는 판매원(세일즈맨)이 해당 상품을 활용하거나 또는 구매하여 직접 사용한 적이 있는지, 정말 실제로 만족감을 느꼈는지 반드시 확인하는 것이다.

내가 파는 상품이 나쁘면 판매원은 당연히 그 물건을 안 산다. 그러나 상품이 비록 나쁘다 하더라도 고객에게는 팔게 된다. 거기서 수익이 발생하기 때문이다. 또한 수수료가 상대적으로 많이 발생하는 경우에도 본인은 구매하지도 않으면서 상품이 좋다고 입에 침이 마르도록 권하기도 한다. 따라서 펀드를 가입할 때 제1 전제조건은 판매자의 가입 여부를 확인하는 것이다.

특히 변액보험은 주로 생애재무설계 차원에서 가입하는 장기 투자상품이라 투자수익률을 올리는 데 있어서 종속변수와 독립변수가 매우 많다. 그런데 변액보험을 권유하는 당사자가 해당 상품을 가입하지 않았는데도 불구하고 좋다고 칭찬만 늘어 놓으면서 적극 권유한다면 이는 문제가 있다. 이런 경우 왜 나에게 이 상품을 권유하는 것인지 솔직하게 질문해서 대답이 타당성이 있게 받아들여질 때 가입을 고려한다. 특히 이는 사업비가 많이 부과되어 중도에 부득이한 사유로 인해 해약할 경우 손해를 많이 보게 되는 보험상품을 고를 때 가장 중요한 요소이다. 판매자 자신도 변액보험에 가입한 보험설계사는 그 상품이 수익률 변화가 어떻게 이루어지고 언제 펀드를 갈아타고 추가납입을 하고 자산운용 옵션은 어떻게 활용하는 것이 좋은지 자신이 직접 경험해 보고 수시로 체크하면서 고객에게 알려주고 또 조언을 해줄 수 있다.

### 완전판매하는 판매사와 판매자 선택

워런 버핏은 자신이 투자자로 성공한 비결은 스승인 벤저민 그레이엄을 잘 만났기 때문이라면서 "평가할 수 없는 기업에는 투자하지 마라, 비전이 없는 기업에도 투자하지 마라"고 말했다. 투자할 때는 완전판매를 지향하는 판매사와 판매자를 선택해야 한다. 판매사를 잘 선택하고 펀드전문가의 컨설팅을 잘 받아야 성공할 수 있는 확률이 더 커진다. 완전판매가 아닌 불완전판매를 하게 되면 나중에 컴플

레인(Complaint)과 클레임(Claim)이 많이 걸리게 되어 여러모로 손해이다.

반드시 투자자 대신 양질의 펀드를 유효적절하게 잘 골라주고 올바로 선택해 가입하도록 컨설팅해 주고 사후관리도 철저하게 해줄 수 있는 펀드판매전문가를 만나야 이익을 보고 후회도 안 한다. 자신이 가입하는 것처럼 꼼꼼하게 잘 챙겨주는 유능하고 책임감 있는 판매자를 만나는 것은 덤으로 확실한 부가서비스를 받는 것과 마찬가지이다.

**완전판매**

완전판매란 판매자가 고객에게 펀드를 판매할 때 상품의 기본 구조와 내용, 자금운용방법, 투자위험성, 원금손실 가능성, 환매방법, 자필서명, 약관전달 등의 주요 내용을 정확히 알리고 난 후 판매하는 것을 말한다. 이와 반대로 불완전판매는 상품 내용을 정확히 안내하지 않고 투자 원금 또는 수익률을 보장하거나 작위적인 모집안내 자료로 현혹하는 행위, 투자 시 위험성을 알리지 않고 판매하는 행위를 말한다.

### 펀드매니저는 펀드수익률 잣대 결정짓는 상수

펀드매니저의 역량에 따라 수익이 달라질 수 있으므로 좀 더 유능한 펀드매니저를 통해 수익률을 꼼꼼하게 계산해 보고 운용회사나 적립식펀드 추천상품을 알아보는 것이 좋다. 적립식펀드 추천상품은 숙련된 재무설계사로부터 추천을 받는 것이 가장 효율적이며, 시장의 흐름에 역행해 가격이 하락할 때 매입량을 늘려 이익을 극대화할 수 있는 부지런한 판매자를 만나는 것이 중요하다.

펀드매니저가 중요한 까닭은 한마디로 펀드투자의 핵심과제인 수익률을 결정하는 키맨이기 때문이다. 한 명의 인재가 기업을 먹여 살리듯 한 명의 펀드매니저가 수많은 투자자들을 먹여 살린다. 펀드 운용의 성과물은 펀드매니저가 펀드를 어떻게 운용했느냐에 따라 펀드투자수익률로 판가름난다고 해도 과언이 아니다. 펀드매니저의 선택이야말로 종속변수가 아닌 독립변수이므로 가입하고자 하는 펀드를 누가 관리하는지 사전에 꼭 확인한다.

자산운용보고서를 보면 펀드를 운용하는 전문인력 현황이 나온다. 그들의 인적사항에 변동이 있는지 지켜보면서 변동이 있을 경우 자신이 투자한 펀드수익률에 어떤 변화가 발생하였는지를 반드시 체크해 보고 기대치에 못 미칠 경우에는 그 즉시 해당사에 문의해 원인을 알아보고 대책을 강구한다. 또한 자산보유 현황과 운용 현황을 살펴보면서 혹시 무리하게 주가의 움직임을 예측해 선물이나 옵션과 같은 파생상품에 많은 투자를 하는지, 단기간에 고수익을 내기 위해 몇 개의 주식종목에만 집중투자를 하는지 눈여겨본다.

펀드매니저의 과거 운용성과를 알아보는 것도 중요하다. 해당 펀드는 펀드매니저의 운용 스타일과 철학에 따라 움직이게 되므로 운용에 대한 책임은 펀드매니저가 지게 되는데 펀드매니저의 교체는 일단 긍정적인 면보다는 부정적인 면이 더 많다. 이 경우 운용전략의 수정 가능성이 높아지므로 향후 펀드 운용에 변화가 올 수 있다. 펀드투자제안서를 통해 펀드매니저의 약력과 펀드 운용 경력 등을 확인하여 자신이 선호하는 스타일인지 살펴본다.

**투자 가이드**

### 이런 펀드 판매사를 찾아라

1. 기존 가입한 상품들에 대해 현재 만족할 만큼 잘 관리해 주고 있는 판매사
2. 투자자에게 권유하는 펀드를 스스로 가입하여 애정을 갖고 상품을 권유하는 판매사
3. 판매한 상품에 대해 매월 펀드 운용 실적을 다른 펀드와 비교해서 알려주는 판매사
4. 펀드의 성격과 장단점을 고려하여 투자자의 성향과 부합되도록 객관적으로 제안하는 판매사
5. 양질의 펀드상품만을 엄선하여 권유하고 동업사 펀드에 대한 정보도 비교하면서 알려주는 판매사
6. 고객의 현재와 미래 소득 상황 및 추가납입을 고려하여 투자금액을 합리적으로 제안하는 판매사
7. 투자리스크에 대해 쉽게 이해하도록 설명하면서 투자리스크 헤지 방법에 대한 솔루션을 제시해 주는 판매사

# 펀드변경은 최적의 리스크 헤지 수단

## 펀드 리스크 헤지 위한 최고의 트리트먼트

펀드투자 시 수익이 나지 않는 경우는 채권형펀드에서는 신용 위험과 금리상승 위험의 발생, 주식형펀드에서는 시장 위험과 개별 종목 위험 등이다. 금리가 올라 채권가격이 떨어지는데도 채권형 펀드에 가만히 묶어두거나 주가가 계속 떨어지는데도 주식형펀드를 계속 방치해 두는 경우이므로 금리 방향성과 주가의 변동성을 늘 예의 주시하면서 그에 따른 적절한 대응책을 강구해야 한다. 채권가격과 금리는 반대 방향으로 움직인다.

금리상승기에는 채권금리가 상승(채권가격 하락)하므로 채권형 펀드에서 MMF(Money Market Fund)로 갈아타면 자산가치 손실 없이 실세금리를 보존할 수 있다. 특히 금융시장의 불확실성에 금리인상의 이벤트가 겹칠 경우에는 지속된 시장의 불확실성에서도 방어적 투자 성격을 띰으로써 위험도는 낮으면서 시장 평균의 안정적인 수익을 추구하는 인덱스펀드와 대체투자 성격의 해외 부동산펀드로 전환해야 한다. 금리하락기에는 시세차익(자본이득)을 얻을 수 있는 채권형펀드로 전환해야 안정된 수익을 기대할 수 있다. 주가가 강세장이 지속되면 주식편입비율이 높은 공격적인 성향의 펀드로 갈아타야 수익을 올릴 수 있고, 하락장세로 간다면 채권형펀드 등 안정 성향의 펀드로 자산을 안전하게 이전시켜야 위험을 회피할 수 있다.

환율변동성 또한 펀드 운용에 영향을 미친다. 주식형펀드 중 성장형은 환율하락 시 수출기업의 실적 악화에 대한 우려로 국내 투자자들이 매도세로 돌아서 투자수익률이 낮아질 수 있다. 반대로 채권형펀드는 환율이 하락하면 수익이 날 수 있다. 시장변동성을 고려해 볼 때 주식형펀드와 채권형펀드는 빛과 그림자와 같이 서로 이익이 상충되는 면이 있다.

### 펀드변경 적기에 해야 리밸런싱 효과 극대화

펀드 기준가에 심한 변동성이 발생했을 때 최적의 대처수단은 펀드변경이다. 펀드변경은 펀드 리스크 헤지를 위한 최고의 트리트먼트(Treatment)로 주가에 발맞춰 펀드변경을 적기에 단행하면 리밸런싱 효과가 극대화되어 고수익(Fund Trans, High Return)을 올릴 수 있다.

주가상승기에는 주식형펀드로, 주가하락기에는 채권형으로 갈아타는 것이 효과적이다. 주가정체 시에는 혼합형펀드로, 주가

상승 시에는 주식형펀드로 변경하는 것이 바람직한 전략이다. 주식형펀드에는 인덱스도 포함된다. 주식과 채권의 가격은 경기 트렌드와 밀접한 관계에 있으므로 경기변동의 낌새가 나타나면 곧바로 주가와 채권가격에도 변동이 생긴다. 따라서 경기변동에 따라 주식과 채권에 대한 투자포트폴리오 예지력을 발휘하여 적절히 리벨런싱해야 한다.

펀드변경은 적립식펀드 중 엄브렐러 펀드만 된다. 다른 펀드들은 펀드변경 기능이 없다. 변액보험은 어느 상품을 막론하고 모두 다 펀드변경 기능이 설정되어 있다. 대부분의 보험사 변액상품이 매월 횟수에 제한 없이 1년에 열두 번까지도 펀드를 변경할 수 있도록 약관에 명시해 놓았다.

세계적으로 유명한 투자전략가인 마크 파버(Marc Faber)는 "장기적인 성공투자는 고평가자산에서 저평가자산으로 갈아타기를 잘하는 것뿐이다"라고 말했다. 중장기 펀드투자의 성공은 가치주로 시의적절하게 갈아타기를 잘하는 것이다. 장기투자에서 수익률 제고의 관건은 체계적으로 투자해 나가면서 시장의 흐름을 읽고 변동성이 발생할 경우 그에 따라 포트폴리오를 재조정하는 것이다. 그래야만 리벨런싱 효과가 극대화되어 수익률 제고에 기폭제가 되어준다. 단, 펀드변경은 전문가가 아닌 이상 자칫 마켓타이밍(market timing)을 놓쳐 실기를 하면 오히려 더 큰 위험손실을 볼 수 있으므로 전문가의 도움을 구하면서 신중히 접근한다.

## 투자 가이드

### 펀드변경 시 실질적인 기대효과 8

1) 위험회피를 통해 위험관리와 수익관리를 동시에 추진해 나갈 수 있다.
2) 변경 시점에서 가장 수익이 높은 펀드에 적립금액을 투입하여 고수익을 올릴 수 있다.
3) 변액보험은 펀드변경만으로도 적립금과 보험금을 모두 증가시켜 나갈 수 있다.
4) 리스크를 최소화하면서 자신의 투자자산(적립금액)을 능동적으로 관리할 수 있다.
5) 주식투자를 하지 않고도 주식투자를 하는 것과 같은 직접투자의 묘미를 만끽할 수 있다.
6) 자기책임에 입각해 주식과 채권시장의 흐름을 따라가면서 인플레 헤지를 할 수 있다.
7) 혜안이 넓어져 본인이 목표하고 있는 목적자금마련 의지에 시너지를 일으켜 준다.
8) 주식, 채권, 펀드 등 금융 전반에 대한 트렌드가 밝아져 재테크 지식이 늘어난다.

### 장기투자상품은 안정수익 창출이 제일 중요

변액보험은 10년 이상 장기투자를 목적으로 가입하는 상품이므로 가입 초창기에는 주식형펀드나 인덱스펀드에 가입하여 투자수익을 올려 나가고 주가가 하락할 경우에는 채권형으로 갈아타는 것도 필요하지만 정액분할매수법을 잘 살려 수익률을 올리는 것도 좋은 방법이다. 펀드보유좌수를 늘려 실질적인 투자수익을 확보해 나가기 위해서는 가능한 한 보험료 추가납입을 통해 리스크를 헤지해 나가는 것이 더 바람직한 방법이다.

10년 이상 유지했을 때는 적립금액의 규모가 매우 커져서 코스트 애버리징 효과에 의한 추가매입 효과는 감소하므로 당시의 수익률을 보전하면서 펀드기준가를 안정되게 이끌고 가는 것이 무엇보다 중요하다. 즉, 추가수익을 더 많이 올리려는 기대보다는 현재의 수익률을 안전하게 지켜 나가면서 목표기간 안에 수익률이 기대수익치에 도달하게 하는 것이 중요하므로 현재 가입한 주식편입비율이 높은 주식형펀드(또는 인덱스형펀드나 해외펀드)를 채권형이나 보수적으로 운용하는 혼합형으로 변경하여 펀드기준가의 완급을 조절해 나가야 한다. 장기투자 시는 적립금액을 잘 보존하는 것이 매우 중요함을 기억하자.

## 장기투자 시
## Keeping-on 전략 수립

적립식펀드의 매력은 코스트 애버리징 효과에 있다. 그런데 이 효과는 신규 매입하는 펀드에만 적용되는 것이지 기존에 적립되어 있는 펀드 적립금액과는 거의 상관관계가 없다. 투자기간이 어느 정도 길어지게 되면 그 이후부터는 적립식펀드의 가장 큰 장점이라 할 수 있는 평균매입단가 하락 효과, 즉 코스트 애버리징 효과는 상대적으로 조금씩 떨어지게 된다. 약 3~5년 이상 중기투자할 경우에는 효과가 나타나지만, 10년 이상 장기투자할 경우에는 아주 미미하게 나타나게 되는데 그 이유는 다음 네 가지 때문이다.

### 장기투자 시 코스트 애버리징 효과가 감소하는 네 가지 이유

첫째, 월 납입액에 비해 펀드평가금액(적립금액)의 규모가 훨씬 크기 때문이다. 코스트 애버리징 효과는 매월 일정 금액을 주식에 투자할 때 해당 주식의 현가에 따라 들쭉날쭉 전개되는 투자리스크를 상쇄해 나가는 이점이 있다. 즉, 기존에 투자한 펀드 가치의 변화를 의미하는 것은 아니다. 이왕 산 주식은 펀드를 변경하지 않는 이상 항상 투자자가 그 주식을 갖고 있는 것이기 때문이다.

둘째, 몇십 년 동안 장기간 묶어두면 그간 쌓아놓은 적립금이 매우 많아져 거치형펀드와 별반 다를 게 없게 된다. 이는 펀드기준가에 대한 변동성이 심할 경우 매우 위험하다는 것을 의미한다. 매월 납입금에 의한 투자 효과는 그다지 크게 작용하지 못하게 된다.

셋째, 장기투자 시 펀드수수료의 후취 규모가 어마어마하게 불어나기 때문이다. 그래서 주식형펀드의 판매수수료 부과 규모를 해당 펀드의 수익률로는 커버하기 힘들 수도 있다. 장기투자 시 제일 중요한 것은 자산가치의 손실 없이 투자수익을 올리는 것이다.

넷째, 누적수익률이 아무리 높아도 펀드 환매 시점에서 펀드기준가격이 매우 저조하게 나타나면 실질 수익률은 대폭적으로 떨어지기 때문이다. 펀드 가입 상태에서 평균매입단가가 낮아진 시기에 펀드를 매입하면 동일한 가격으로 더 많은 펀드를 매입하는 효과가 나타나는데, 환매 시에는 정반대로 펀드매입단가가 무조건 높아야 실수익률이 올라간다. 즉, 환매 시점에서 펀드가격이 가입 시점의 박스권 안에서 맴돌게 된다면 코스트 애버리징 효과는 별로 없다. 반드시 목적자금마련 시점(환매 시점)에서 박스권 상단을 상향 돌파해야 시장수익률을 상회하는 고수익을 올릴 수 있다. 따라서 펀드투자로 높은 수익률을 내기 위해서는 환매 시점에 주가상승으로 인한 차익실현 효과가 극대화되어야 한다.

장기투자 시에는 평균매입단가의 하락 효과보다는 맨 처음 가입할 당시의 펀드기준가보다 환매 시점에서 펀드기준가가 올라가도록 주가가 상승해야 한다. 목표자금이 어느 정도 달성되는 시점에서는 그간 공들여 쌓아놓은 적립금액의 안전한 보존을 위한 현상유지관리(Keeping-on) 전략과 적기 환매 시점을 포착하기 위한 전략이 매우 중요하다.

4장

# 변액보험으로 목돈 만들기

투자기회가 없다는 말은 성립하지 않는다.

투자 판은 늘 새롭게 짜여진다.

다만 새로운 판에서 통용될 투자법칙을 깨달아내지 못하는

투자자의 능력 부재가 투자의 걸림돌이다.

- 마크 파버

# 자녀 양육하듯 **변액보험을 대하라**

저금리 시대가 계속되면서 상대적으로 고수익을 올릴 수 있는 실적배당형 상품인 펀드에 투자하려는 소비자가 점점 늘고 있는 추세이다. 특히 펀드 중에서도 예금자보호도 되고 보장도 받으면서 투자수익도 올릴 수 있는 양수겸장의 변액보험을 선호하는 가입자가 점점 증가하고 있다. 현재 국민 6명 중 1명이 변액보험을 가입할 정도로 많은 인기를 끌고 있다. 그런데 변액보험은 장기투자 상품이므로 가입 시 주의해야 할 사항도 많다. 따라서 가입 시에는 반드시 아래 명시한 보험상품 내면의 진실을 정확히 알고 선택해야 좋은 결실을 맺을 수 있다.

### 클 때까지 잘 기를까? 빨리 크기만 바랄까?

여기 세 종류의 동물이 있다. 톰슨가젤과 사자 그리고 사람이다. 이 세 동물의 성장 과정에서 가장 큰 차이점은 자생력을 기를 때까지 최소한의 일정 양육기간이 소요된다는 점이다. 아프리카 초원에 사는 초식동물인 톰슨가젤은 맹수들에게 잡아먹히지 않기 위해 태어나자마자 네 다리로 일어서 걷는다. 육식동물인 사자는 자신을 해치는 동물이 거의 없지만 어린 새끼는 하이에나와 표범의 표적이 되므로 약 2년 동안의 양육기간이 필요하다. 사람은 모든 동물 중 가장 연약하다. 갓 태어난 아기는 부모의 보살핌이 없으면 아무런 대항능력도 없다. 스스로 앞가림할 때까지 성장하려면 최소 10년 이상은 지나야 한다.

톰슨가젤이 은행적금이라면 사자는 적립식펀드, 사람은 변액보험과 같다. 은행적금은 일단 가입하고 나면 언제든 해약해도 손해보지는 않는다. 적립식펀드는 어느 정도 지나야 손해를 안 보고 제 힘을 발휘한다. 변액보험은 처음에는 이익이 나지 않지만 10년 이상 지나면 그 가치를 십분 발휘한다. 자녀를 양육하듯 변액보험도 대해야 한다.

"돌다리도 두드려 건너가라"는 속담이 가장 잘 맞아떨어지는 금융상품이 바로 변액보험이다. 보험상품 성격상 가입 초기 사업비(정액 선취함) 발생으로 투자되는 저축보험료 부분(특별계정 투입금액)이 상대적으로 적어 일정 시점까지는 수익률이 다른 적립식펀드보다 저조하다. 또한 연 수익률이 10% 이상 계속 발생하지 않는 한 가입 후 3년 이내에는 적립금이 원금보다 적게 발생한다.

펀드 가입 목적, 현재 및 미래 소득 규모, 소득의 지속 여부, 라이프 사이클상 자금의 수급 상황, 투자습관, 가정의 경제 트렌드,

가족의 라이프 스테이지 등에 따라 그 효용 및 수익이 달라지므로 가입 시 신중해야 한다. 너무 빠듯하게 보험료를 납입하는 것이 아니라 차후 추가납입을 한다는 생각으로 여유롭게 투자해야 한다. 반드시 10년 이상 납입한다는 기본 인식과 그런 투자목적을 전제하고 가입한다. 변액보험은 현재 판매되는 모든 금융상품 중 가장 납입기간이 긴 장기투자상품이다.

**라이프 사이클**

가족의 생활주기로 취업, 결혼, 육아, 자녀결혼, 노후 등 한 가족의 성립 시점부터 소멸 시점까지 나타나는 일련의 변화 과정을 말한다.

**라이프 스테이지**

한 가족이 가장의 나이와 경제적·사회적 위치 등의 향상에 따라 변화되는 생활환경의 발달 단계를 말한다.

"펀드 가입 시 10년을 투자할 것이 아니면 10분도 투자하지 말라"는 워런 버핏의 명언을 가슴 깊이 새기면서 저금리시대 변액보험으로 안정적인 고수익을 실현하도록 장기투자의 길을 모색하자.

### 변액보험 가입 시 반드시 알아둘 사실 12

1. 보험금 지급액이 유동적인 실적배당형 상품으로 상품구조상 최소 10년 이상 유지해야 하는 장기투자상품이다.
2. 보험금 및 해약환급금이 매일 변동하므로 펀드의 운용성과에 따라 납입한 보험료의 원금에 손실이 발생할 수 있으며, 그 손실 책임은 계약자에게 귀속된다.

3. 일정 기간 납입하는 정기형이 아닌 종신형 상품이다. 현재 판매되고 있는 변액보험은 모두 종신형이다. 유니버설보험도 마찬가지이다. 저축을 목적으로 상품을 설계했어도 종신보험 또는 연금보험과 연계하여 설계되었지 순수저축성보험과 연계하여 설계되지 않았다. 따라서 어느 일정한 시기에 만기금이 따로 존재하지 않는다는 단점과 함께 초년도에 사업비 지출이 많아 보험료 납입금이 많아도 3년 이내 중도해지 시에는 원금도 찾지 못한다는 단점이 있다.
4. 변액보험은 적립식펀드와 달리 보험상품 특유의 최저보장보험금지급보장제도의 기능이 있으므로 5,000만 원까지 예금자보호를 받는다.
5. 10년 이상 유지해야 비과세 혜택이 부여된다. 따라서 10년 이내 해약 시 보험차익에 대한 비과세 혜택이 없어 전액 이자소득세를 추징당한다.
6. 인터넷에 공시되는 기준가격, 현재수익률 및 연간환산수익률은 사업비율을 추가공제해야 하므로 실제 수익률과는 차이가 있다.
7. 자금의 중도인출이나 펀드 운용 시 또는 펀드 거래 시 다양한 수수료가 발생한다.
8. 동일한 보험료 납입과 투자수익률이라 하더라도 보험사별로 또는 펀드종목의 선택에 따라 계약자의 적립금에 많은 차이

가 발생할 수 있다.

9. 중도해약할 경우 해약환급금은 최저보증이 이루어지지 않으며 원금손실이 발생할 수 있다.

10. 연금지급 개시 후 연금은 연금지급 개시 후의 공시이율을 적용하여 계산하며 일정 이율 한도 내에서 최저보증이 이루어진다.

11. 자금을 중도에 인출하면 계약자적립금액이 감소하여 사망보험금이나 해약환급금이 감소된다.

12. 변액보험판매자격시험에 합격하여 자격증을 취득한 보험모집자만 판매할 수 있다.

# 변액보험만이 갖고 있는 매력 포인트 8

변액보험은 특별계정에 편입된 펀드의 운용실적에 따라 투자성과를 계약자에게 나누어 주는 실적배당형 상품이다. 수익성이 높은 채권이나 주식, 파생상품 등 유가증권에 펀드로 투자·운용하여 얻은 수익을 계약자에게 배당하는 적립식투자상품이다. 상품구조는 (1) 보장 기능 + (2) 저축 기능 + (3) 펀드투자 형태로 되어 있으며, 상품수익률은 '공시이율 + α'의 수익을 추구하면서 보수·안정적으로 운용되고 있다. 최고의 장기 재테크 상품인 변액보험만이 갖고 있는 매력 포인트를 살펴보자.

## 1. 보험의 보장자산 가치 하락을 막을 수 있다

변액보험은 물가상승 등 인플레이션으로 인한 돈의 가치 하락 가능성이라는 걱정을 사전에 덜 수 있다는 가장 큰 장점을 갖고 있다. 예를 들어, 보험금 3억 원짜리 정액상품인 종신보험에 가입한 사람이 10년 뒤 사망했을 때 그동안 물가가 3배 이상 상승했다면 자녀가 받는 보험금은 사실상 1억 원의 가치 정도에 지나지 않는다. 그러나 변액보험에 가입한 사람은 보험회사가 보험료를 잘 굴려 초과수익을 올리는 만큼 추가로 더 많은 돈을 받을 수 있다.

① 경기가 좋아져 주식과 채권 가격이 올라가면 자산가치 상승의 혜택을 받을 수 있어 물가상승으로 인한 보험금의 미래가치 하락에 대한 부담을 덜 수 있고, ② 투자성향에 따라 회사에서 설정한 펀드 중 원하는 자산운용 형태 몇 개를 직접 선택할 수 있으며, ③ 시장 상황에 맞는 효율적인 포트폴리오 관리를 위해 수시로 펀드변경도 가능하므로 리스크를 최소화하면서 수익률은 극대화시킬 수 있다.

적립식펀드 유형 중 펀드변경 등 다양한 운용 옵션 기능을 갖고 있는 상품은 변액보험밖에 없다. 보험도 펀드상품인 변액보험을 가입해야만 보다 빨리 목적자금을 마련할 수 있고 더 많은 보장자산이 확보된다.

### 2. 펀드매입비용 평균화 효과로 투자리스크 상쇄

변액보험이 다른 보험상품보다 좋은 가장 큰 이유 중 하나는 코스트 애버리징 효과를 누림으로써 리스크는 줄이고 수익은 보다 안정적으로 올릴 수 있기 때문이다. 펀드투자 시 제반 시장 트렌드상 투자 시점을 정확하게 포착하기 곤란할 경우 총 투자자금을 일정 기간 동안 분산하여 투자하게 되면 펀드기준가의 등락 폭을 평균화시키는 효과를 가져옴으로써 투자리스크를 줄여 더 좋은 수익 효과를 얻을 수 있다.

### 3. 최저보장금지급제도가 있는 예금자보호 상품

변액보험은 어떠한 일이 있어도 최초 계약 당시에 정한 보험금을 최저 또는 기본으로 보장하는 안전장치가 마련되어 있다. 펀드 운용실적이 나빠 수익률이 악화되어도 보험사가 만기 또는 중도해지 시 정한 최저보장금을 지급해 준다. 이때 변액종신보험은 기본사망보험금을, 변액연금보험은 이미 납입한 보험료를 전액 지급해 준다. 특히 변액보험은 적립식펀드와 달리 보험상품만이 갖고 있는 고유의 최저보장금지급제도가 있다. 다른 펀드투자상품과 달리 최저보장금보험금을 기준으로 1인당 5,000만 원 한도까지 보험사가 지급 불이행 시 예금보호공사가 예금자를 보호해 준다.

### 4. 가입자 스스로 펀드를 선택할 권리가 주어진다

변액보험은 안정적인 수익 실현을 위해 변액보험판매관리사와 계약자가 직접 자금 운용에 참여할 수 있다. 다른 보험은 보험회사가 임의로 결정한 예정이율이나 공시이율이 적용되어 적립금액이 보험회사에 의해 좌우되므로 계약자가 선택할 틈이 없지만, 변액보험은 계약 당사자가 자산운용옵션제도를 활용하여 적립금액에 대해 적극적으로 개입할 수 있다.

### 5. 최소한 정기예금 수준의 수익은 지속적으로 가능하다

변액보험은 투자상품이기 때문에 리스크가 상존하므로 주식시장과 경제가 장기적으로 악화하는 경우에는 손실을 볼 개연성도 있다. 하지만 10년 이상 운용해야 하는 변액보험펀드(특별계정)의 특성상 시장금리 수준 이상의 수익은 확보할 수 있다는 것이 펀드 선진국의 사례이다. 수익률 편차는 보험사의 선택과 운용 형태에 따라 많은 차이를 보인다.

### 6. 적립형과 거치형 상품의 기능과 장점을 모두 갖고 있다

적립형은 목돈을 모으는 상품이고, 거치형은 목돈을 늘리는 상품이다. 변액보험은 보험료는 매월 적립식으로 지불하지만 해당 시점에서의 적립금은 일시금 형식으로 재투자된다. 변액보험에 가입한 후 일정 금액이 적립되면 마치 거치형 상품처럼 목돈을 늘리기 위해 일시금 형식으로 유가증권에 간접투자하여 운용된다.

### 7. 가입한도가 없는 비과세 상품이다

일반적으로 보험은 사행행위(射倖行爲)가 발생할 개연성을 사전에 방지하기 위해 가입한도가 제한되어 있지만, 변액보험은 가입한도의 제한이 거의 없다. 가입한도가 정해져 있는 다른 절세 금융상품과 달리 변액보험은 한도 없이 가입한 후 10년이 지나면 완전비과세로 활용할 수 있는 재테크·세테크 상품이다. 절약된 세금만큼의 이자수익을 제한 없이 누릴 수 있는 일석이조의 상품이다.

### 8. 보험료휴지기능으로 융통성 있게 유지할 수 있다

변액보험 가입 후 납입을 중지해도 다른 일반 보험과는 달리 실효가 안 된다는 이점이 있다. 보험회사에서 정한 약정기간이 지나면 일반 보험과 같이 납입유예기간인 2개월이 지난 후에 보험료 납입이 안 되었더라도 그동안 쌓였던 해약환급금에서 보험료가 대체되는 보험료휴지기능(월납보험료대체제도)이 있기 때문이다. 당월 납입 여유가 없을 경우 중도해지하지 않고도 펀드가 계속 운용되는 효과를 볼 수 있어 장기상품인 변액보험에 있어서는 매우 좋은 제도이다.

보험료휴지기능은 생활상 불가피한 사유로 여력이 없을 경우 잘 활용하면 매우 유익한 제도이다. 장기적으로 소득이 감소하거나 또는 지출이 늘어나 가계부담이 가중돼 보험료 납입이 곤란할 경우 보험료휴지기능을 이용해 보장을 유지할 수 있도록 설계된 상품이다. 어려운 상황에 대비해 처음 가입 당시 신청하면 적립한 보험료를 이용해 매월 보험료를 대납할 수 있다. 어려운 시기 보험료 부담을 줄일 수 있고 여유가 생기면 다시 납입하면 된다.

# 보험사 선택이 **수익률을 결정한다**

### 보험사별로 사업비 규모 편차 크다

현재 가입한 변액보험이 다른 회사 동종의 변액보험과 사업비가 같다고 생각한다면 이는 큰 오산이다. 같은 금액의 보험료를 낸다고 해도 펀드에 투입되는 특별계정 보험료 규모는 보험사마다 모두 다 다르며, 그 편차 또한 보험사마다 매우 크다. 그 이유는 바로 사업비 편차가 보험사마다 매우 크게 나타나기 때문이며, 이 차이는 투자수익률과 바로 직결된다. 따라서 변액보험에 가입하기 전에는 반드시 먼저 사업비 규모를 확인하고 선택해 가입하는 것이 한 푼이라도 더 투자수익을 올리는 현명한 방법이다. 사업비 부과방식은 모든 보험사가 선취를 적용하고 있는데 부과 규모에 있어서 많은 차이를 보인다.

### 적립금액 규모 편차는 목적자금 차이로 귀결

특별계정에 투입되는 원금 규모의 차이를 비교·분석해 보면 왜 사업비가 적은 회사의 변액보험을 가입해야 하는지 이해가 될 것이다. 예를 들어, 월 100만 원짜리 변액보험을 가입했다고 가정해 보자. 이럴 경우 사업비 규모가 작은 회사는 약 90만 원이 특별계정으로 편입되고, 나머지 10만 원은 사업비로 차감한다. 물론 이 중 일부는 위험보험료로 빠져나가는데 젊은 사람의 경우에는 규모가 크지 않다. 10년 동안 매월 꼬박꼬박 기본보험료를 납입했다고 한다면 총납입 보험료 규모는 1억 2,000만 원이고, 이 중 펀드에 투입된 보험료 총액은 1억 800만 원이다. 총납입 보험료에서 약 1,200만 원이 공제된 금액이다.

만약 똑같은 조건 하에 펀드에 투입되는 보험료 규모가 84%인 변액보험을 선택했다면 총납입 보험료 규모는 1억 2,000만 원이고, 이 중 펀드에 투입된 보험료 총액은 1억 80만 원이 된다. 총납입 보험료에서 1,920만 원이 공제된 금액이다. 앞의 예시와 자그마치 720만 원의 차이가 발생한다. 똑같이 매월 100만 원을 납입했는데 투자수익률을 제외하고 단순하게 보험사 선택의 차이로 한 사람은 720만 원의 수익을 더 보고, 다른 한 사람은 약 7개월분의 보험료만큼 손해를 보게 된다.

이와 같이 보험사 선택이 변액보험을 선택한 당신에게 고수익률을 안겨주는 매우 중요한 바로미터가 된다. 보험사 선택은 변액보험 수익률을 올리는 데 있어서 필수분가분의 관계를 갖고 있다는 사실을 꼭 명심하고 보험사를 신중히 선택해 가입한다.

## 장기투자할수록 보험사 선택은 더 중요

장기투자보험의 성격상 각종 보험 혜택 및 향후 목적자금에 대한 안전한 유지·관리와 원활한 지급은 보험사 선택 시의 필요충분조건이다. 보험사 선택을 잘하면 덤으로 수익률이 불어나 듀레이션이 보다 짧게 형성되어 목적자금 조기 달성을 통해 보다 안정된 재무설계가 가능해진다. 듀레이션을 상대적으로 짧게 한다는 것은 그만큼 수익률이 높아 자산 형성에 많은 도움을 줌을 의미한다.

보험사 선택이 매우 중요한 이유는 가입경과기간이 길어지면 길어질수록 수익률 편차가 더 심하게 발생하기 때문이다. 일반적으로 가입 후 10년 정도는 그리 많은 차이가 발생하지 않는데, 이는 사업비 부과 및 신계약비의 이연상각에 따라 환급률이 작게 발생하기 때문이다. 그러나 10차년도 이후 경과기간이 길어질수록 투자수익률, 즉 환급률 차이가 상당히 커진다. 11차년도 이후에 차감하는 신계약비를 제외한 나머지 사업비 공제 규모에 대한 차이와 변액보험에 적용되는 다양한 옵션 적용에 따른 비용지출 규모, 위험보험료 차이, 특약 부가성 차이 등 때문에 그 격차는 점점 더 벌어지게 된다.

따라서 10년 이상 장기적으로 운용해야 하는 변액보험을 가입하는 경우 보험사 자체도 중요하지만 운용사 선정까지 보험사에서 하므로 우량한 보험사의 선택이 절대적으로 중요한 투자가치의 척도이다. 생활보장형으로 가입하는 변액상품 또한 이 부분을 간과해서는 안 된다. 생활보장형 변액보험 또한 보험가입금액 이외에 실적 배당 여부에 따라 적립금을 늘려주고 또한 경제여건에 따라 중도해약 시 해약환급금을 절대 무시할 수 없는 것이 현실이기 때문이다.

### 좋은 보험사 판단은 이렇게 하라

좋은 보험사란 가입할 때는 까다롭지만 보험사고 발생 시에는 고객이 불편하지 않도록 최고로 신속하게 서비스해 보험금을 신속 정확하게 하자 없이 지급해 주는 회사이다. 10년 후 목적자금마련을 위해 해지(환매) 시 아무런 하자 없이 다른 보험사 동종의 상품보다 고수익을 안겨다 줄 수 있으면서 덤으로 보험 혜택도 두루두루 맛보게 해주는 회사를 말한다. 단도직입적으로 말하면 좋은 보험사란 보험계약이 소멸되는 그날까지 사후관리를 잘해주어 고객이 만족과 기쁨을 느낄 수 있게끔 지속적으로 노력하는 회사이다.

좋은 보험사를 선택하는 객관적인 판단기준은 자산 규모의 발전성, 자본의 성장성, 자산의 건전성, 투자의 수익성, 사업비 부과 규모의 최저성, 컨설턴트의 전문성과 직업성, 고객에 대한 배려성, 이익의 사회 환원성, 민원처리의 신속성 등을 종합적으로 판단하여 선택해야 하는데, 필자가 다음에서 제시한 판별기준을 종합적으로 살펴본 후 보험사를 결정하고 해당 상품을 선택해 가입한다면 보다 효과적이고 효율적이며 만족할 만한 결과를 가져올 수 있을 것이다.

**투자 가이드**

**변액보험 가입 시 좋은 회사 판별하는 기준 12**

① 보험금 및 적립금이나 대출(인출)금 청구 시 까다롭지 않고 신속하게 제때 주는 열린 회사

② 지급여력비율이 매우 양호하고 재무구조가 탄탄하고 안정적인 우량사

③ 사업비를 적게 쓰면서도 이익을 많이 내 보험서비스 혜택을 많이 주는 회사

④ 펀드상품의 컨설팅 클리닉을 기초로 한 완전판매로 대외적 이미지가 좋은 회사

⑤ 5년 이상 계약 유지율과 설계사 정착률이 양호해 장기 유지·관리가 가능한 회사

⑥ 유가증권 평가손익이 매우 양호하고 자산운용능력(총자산수익율)이 좋은 회사

⑦ 고객 불만이 거의 없고 민원이 가장 적으며 신용도 평가가 가장 좋은 회사

⑧ 변액보험판매관리사가 평생직업의식이 있으면서 전문성이 매우 강한 회사

9 펀드 운용실적이 벤치마크 초과수익률을 달성하는 매우 양호한 회사

10 연환산수익률이 높고 매매회전율이 낮아 추가비용 지출이 적은 회사

11 공공기관에서 실시하는 금융회사별 민원등급평가 종합결과에서 우수등급을 받는 회사

12 목적자금 또는 보험금을 수령할 때까지 우량사로 남아 고객이 만족하도록 잘 매조지해 줄 수 있는 회사

# 반드시 이런 보험컨설턴트에게 가입하라

### 전문성과 직업관 갖춘 판매관리사를 선택하라

보험사 선택 시 반드시 살펴볼 사항은 보험사의 완전판매 실현 의지, 변액보험판매관리사들의 윤리성과 전문성, 고객봉사정신, 프로직업의식, 평생직업관, 고객이익을 우선시하는 진정성 등이 선행조건이다. 특히 변액보험 가입 후 일정 수익률을 올려 목적자금이 마련돼 환매할 때까지 어떻게 펀드를 운용해야 하는지 정기적으로 자문해 줄 수 있는 전문가에게 가입해야 한다.

펀드 케어(Fund Care)는 1차적으로 투자자 본인이 직접 해야 하지만 이를 올바로 할 수 있도록 컨설팅 클리닉을 담당하는 전문가가 반드시 필요한데 그 사람이 바로 변액보험판매관리사이다. 변액보험판매관리사는 변액보험에 대한 재무설계 차원에서의 상품설계 능력은 물론 주식 및 채권시장의 흐름 등 펀드에 관한 컨설팅 능력과 경제 트렌드를 헤량할 줄 알아야 한다. 펀드는 한번 정해 놓으면 끝까지 계속 유지하기보다 경기변동에 따라 적절한 펀드로 갈아타야 하므로 펀드변경과 자산운용 옵션 등에 대해 조언해 줄 능력 있는 설계사와 거래한다. 아는 사람이 있다고 또는 가입할 의향이 없는데도 정에 이끌려 권유한다고 가입하는 행위는 반드시 삼가야 한다.

가입한 상품정보는 대부분 가입설계사를 통해서 제공받게 되므로 전담 설계사가 제공하는 정보에 의존할 수밖에 없다. 가입자는 정보제공자이며 전문가인 판매자가 추천하는 상품을 대부분 선택 가입하는 것이 현실이므로 판매자의 올바른 선택은 매우 중요하다.

### 평생 책임져 줄 최고의 멘토를 만나라

변액보험은 보험과 은행, 투자신탁상품의 특성을 요소요소에 가미한 퓨전형 상품이라 가입자들이 미처 알지 못하는 변수들이 매우 많다. 예를 들어, 주가하락 시 펀드변경 등 자산운용 옵션을 적극 활용해 위험을 회피해 가면서 리벨런싱 효과를 극대화시켜야 하는데 비전문가인 투자자가 펀드기준가 변동성에 대해 상황 판단을 하기도 힘들 뿐만 아니라 일일이 신경을 쓸 여유도 없으므로 날마다 이를 관찰하는 담당 컨설턴트가 절실히 필요하다.

가입할 당시뿐만 아니라 유지해 나가는 과정에서도 다양한 변수들이 등장하게 되는데 그때마다 자기 일처럼 조언해 줄 수 있는 전문가는 당신에게 맨 처음 변액보험을 권유한 판매자밖에 없다는 사실을 알아야 한다. 만약 다른 설계사로 담당자가 바뀌었다면 그 설계사는 자신에게 경제적으로 아무런 이익도 가져다 주지 않는 당신의 보험 관리를 당연히 등한시할 수밖에 없다. 이는 인지상정이다. 다른 변액보험을 가입하라고 리모델링해 주면서 권유할지도 모른다. 가입할 당시뿐만 아니라 유지해 나가는 과정에서도 자기 일처럼 조언해 줄 수 있는 펀드 동반자를 잘 찾는 것이 부자가 되는 지름길이다.

## 가입 후 당당히 사후관리를 요구하라

변액보험은 상품 내용이 매우 복잡한 주문형맞춤상품(Order Made Goods)이어서 일반 사람들이 쉽게 이해하기 어려운 내용들이 많다. 따라서 변액보험판매관리사 자격증을 취득한 보험컨설턴트(보험대리점 포함)에 의해 판매가 이루어진다. 즉, 변액보험 가입은 보험설계사가 아닌 변액보험판매관리사에게 하게 된다. 이 차이는 매우 큰데 변액보험을 설계사에게 체결하는 것은 단지 가입으로만 끝내는 것이 아니라 계약을 체결한 이후의 사후관리까지도 부탁하는 메시지이기 때문이다.

보험설계사가 아닌 '변액보험판매관리사'라는 호칭이 붙은 이유는 변액보험을 단지 판매하는 선에서만 설계사의 임무가 끝나는 것이 아니라 판매 후 사후관리까지도 하자 없도록 해주라는 의미에서이다. 즉, 보험설계사가 고객의 입장에서 고객이 보험 혜택을 모두 보는 그날까지 지속적으로 재무 컨설팅을 해주어야 한다는 전제조건이 있음을 의미한다. 따라서 가입자는 설계사에게 정정당당하게 컨설팅을 요구할 권리가 있다.

### 투자 가이드

#### 변액보험판매관리사에 대한 전반적인 체크사항 10

1. 왜 변액보험을 가입해야 하는지 명확하게 이해할 수 있도록 설명해 주는가?
2. 변액보험과 적립식펀드와의 차이점과 장단점에 대해 자세하게 설명해 주는가?
3. 추가납입할 것을 대비해 기본 보험료를 조정하게끔 미리 컨설팅해 주는가?
4. 단기간 납입 후 해지 시 손해 폭이 크다는 점을 미리 알려 주는가?
5. 사업비 부과 문제에 대해 질문하면 가감 없이 자세하게 알려주는가?
6. 펀드수익률이 저조할 경우 그 대비책에 대해서 어느 정도 알려주는가?
7. 10년 이내 해지 시 이익이 거의 발생하지 않으므로 반드시 10년 이상 납입해야 한다는 사실을 알려주는가?
8. 보험료 미납 시 보험은 유지되지만 사업비는 계속 빠져나간다는 사실도 알려주는가?

9 연금전환 시 공시이율을 적용하고 당시 경험생명표를 새로 적용함을 알려주는가?

10 계약 전 알릴 의무사항(고지의무)을 이해하도록 일일이 점검하면서 '변액보험 주요내용 안내 확인서'를 투자자가 완전히 이해한 다음 서명하도록 조언하고 체크해 주는가?

## 변액보험판매관리사의 평생직업관 및 사후관리 지속 실행 여부 체크사항 10

1 펀드변경에 대한 제반 옵션을 잘 활용하도록 수시로 조언해 주는가?

2 수익률 극대화 방안을 벤치마킹하고 연구하면서 조언해 주는가?

3 설계사가 소속 보험사보다 당신을 위해 더 신경을 쓰고 도와주고 있다고 생각하는가?

4 직업관이 확실하고 고객을 위한 사후 서비스를 잘하는 등 신뢰할 만한 사람인가?

5 정기적으로 받아보는 펀드운용보고서에 대한 궁금증을 속 시원하게 설명해 주는가?

6 언제 펀드를 변경하면 좋은지, 대출 시 또는 부활 시 상환은 언제하면 좋은지 그 적절한 시점에 대해 알려주는가?

7 자산운용 현황에 대한 리밸런싱 효과 극대화 및 이익도모를 위해 조언해 주는가?

8 적절한 환매 시기와 그 방법에 대해  미리 알려주는가?

9 지속적으로 펀드를 잘 관리해 줄 수 있다는 확신이 드는가?

10 펀드 사후관리는 물론 재테크 포트폴리오 컨설팅도 해주는 재무설계 멘토의 역할이 가능한가?

## 사업비 규모를 **확인한 후 선택하라**

변액유니버설보험 월납 100만 원 상품에 가입했다고 하자. 물론 특약보험료 부분은 제외하고 말이다(보험사마다 사업비 편차가 심하므로 아래 예시는 단지 기본적인 맥락을 이해하는 의미에서 가정한 것임을 밝혀둔다). 이때 보험료 100만 원 중 약 88만 원만 특별계정에 편입되어 운영된다고 한다면 나머지 12만 원은 사업비와 위험보험료로 충당되게 된다. 12만 원은 가입한 이후 10년 동안 매월 납입한 보험료에서 빠져나가게 된다(나이를 먹으면 먹을수록 더 많은 위험보험료가 차감되어 특별계정 투입금액은 상대적으로 줄어든다). 10년을 초과하는 시점부터는 매월 낸 100만 원 중 위험보험료를 제외하면 약 95만 원 정도가 펀드에 투자된다.

이렇게 보면 당신은 변액보험을 가입한 후 10년이 될 때까지는 단순히 수익률로만 놓고 본다면 매월 12만 원, 즉 12%의 수익률을 가만히 앉아서 도둑맞는 것과 마찬가지이다. 사업비로 공제된 금액을 커버하면서 수익을 내려면 펀드수익률이 최소한 12%

이상이 되어야 한다. 그런데 가입 초기 연 12%의 수익을 올려도 현재의 상품구조상 신계약비 이연상각방법을 적용하기 때문에 2년 안에는 원금이 나오지 않는다. 단기간 수익을 올리고자 할 경우 보험투자상품은 이런 결함을 안고 있다.

### 사업비 공제 규모는 보험사별, 상품별 상이

모든 보험상품은 보험사 운영에 필요한 사업비를 공제한다. 변액보험 또한 마찬가지이다. 변액유니버설보험 적립형은 기본보험료에 대해 10차년도까지는 약 8~15%, 11차년도 이후부터는 신계약비를 제외한 나머지 사업비(유지비와 수금비)를 약 4~9% 정도 보험료 납입하는 그날까지 공제한다.

변액연금보험은 기본보험료에 대해 10차년도까지는 약 6~13%, 11차년도 이후부터는 신계약비를 제외한 나머지 사업비(유지비와 수금비)를 약 4~8% 정도 보험료 납입하는 그날까지 공제한다. 단, 변액연금보험의 경우 다른 변액보험과 달리 보험료 납입기간에 따라 부가보험료 중 신계약비의 부과 규모를 차등 적용하므로 사업비 규모 또한 다르게 적용되고 있다. 즉, 보험료 납입기간이 긴 상품이 보험료 납입기간이 짧은 상품보다 사업비 공제 폭이 더 작게 발생한다. 변액종신보험 등 변액보험 중에서도 보장 성격이 강한 상품은 경과기간에 상관없이 보험료를 납입하는 그날까지 약 15~25% 정도 공제하고 있다(주식연계보험, 주가지

수 옵션 등 파생상품에 투자하는 실적배당형 보험도 동일하다).

가입하려는 변액보험의 사업비 규모를 알기 위해서는 해당 보험사 콜센터에 전화해 확인하는 것이 제일 정확하고 빠르다. 문서로 작성된 것을 보려면 가입설계서와 보험계약관리 내용, 특별계정 운용설명서, 상품요약서 등에 특별계정 투입 원금이 기재되므로 이를 확인하면 된다.

### 예정사업비가 가장 낮은 상품을 선택하라

예정사업비지수의 사전 확인은 가장 기본적인 재테크 출발점이다. 변액보험의 예정사업비지수는 보험사별로 변액유니버셜보험 적립형은 약 67~153%, 변액연금보험은 약 70~117%, 변액종신보험은 약 87~114%까지 많은 편차를 보이고 있는데, 이 차이는 바로 사업비 부과 규모의 차이와 거의 일맥상통한다.

예정사업비지수는 실제 계약자가 가입한 상품의 보험 가입금액이나 보험기간, 보험료 납입기간, 예정이율 수준 등에 따라 차이가 발생할 수 있으므로 가입하기 전 이런 부수적인 요소들을 잘 살펴본다. 생명보험 홈페이지를 접속해 보험상품비교공시란에서 변액유니버셜보험 적립형과 변액연금보험을 클릭한 다음 예정사업비지수가 얼마가 되는지 꼭 살펴보고 지수가 낮은 회사 상품을 선택하는 것도 고수익을 올리는 한 방법이다.

그러나 예정사업비지수만 가지고는 보험료 중 얼마가 정확히 사업비로 지출되는지 그 규모를 알기 어렵다. 가입설계서를 받아 보고 표기되어 있지 않으면 해당사에 직접 문의하여 확인을 받고 몇 군데 다른 보험사에도 똑같이 요청하여 비교·분석한다. 그중 사업비 부과 규모가 저렴한 상품을 골라 사후관리를 제일 잘해줄 것 같은 보험사와 사후 서비스를 잘해주는 보험설계사를 선택해 가입하는 것이 가장 현명한 방법이다.

### 투자 가이드

#### 신계약비 이연상각제도

사업비 중 신계약비 규모의 고저가 변액보험 투자수익률에 가장 크게 영향력을 끼친다. 보험사들은 상품 운용 시 보험사 운영과 모집자 판매수수료(수당) 지급을 위해 미리 지출되는 신계약비를 이연한 후 미상각 신계약비는 10년간 분할상각하여 비용 처리하는 신계약비 이연상각제도를 실행하고 있는데, 주로 해당 보험상품의 판매 초기인 1차년도와 2차년도에 대부분 집행되고 있다. 상품 종류에 따라 3차년도까지도 집행하는 회사도 있다.

이때 집행된 미상각 신계약비에 대한 사후 충당을 위해 계약자가 납입하는 계속보험료 중에서 매월 분할 공제하여 미리 사용된 신계약비의 비용을 충당한다. 신계약비를 선지출하고 후상각하는 것이다. 그러한 이유로 가입 초기에는 적립금액의 크기와 해약환급금의 크기가 각각 다르게 나타난다. 변액보험 사업비는 보험료 및 책임준비금 산출 방법서에 사업비선취방식(Front-End-Loading)을 적용하도록 명시되어 있다. 사업비후취방식(Back-End-Loading)은 아직 도입하지 않고 있다.

## 투자수익률 저하 시 대처방법

"주식시장이 폭락하고 있기 때문에 여기에 투자한다. 위기는 투자의 좋은 기회이다. 나는 경기침체나 재앙이 일어날 때 더 많은 투자 기회가 생긴다는 것을 알고 있다."

주식투자전략가인 마크 모비우스(Mark Mobius)가 한 말로 펀드투자 후 주가가 하락할 경우에 새겨둘 필요가 있다. 증시 환경이 안 좋아 주가가 하락할 경우에는 오히려 펀드보유좌수 증가의 호기로 삼고 역행투자전략을 심도 있게 모색해 보는 것도 좋다. 변액보험은 장기투자상품의 특성상 주가가 하락할 경우 어느 정도까지는 효과적으로 대처해 나갈 다양한 제도와 자산운용 옵션이 마련되어 있다.

변액보험 가입 이후 주가가 하락하여 투자수익률이 갑자기 예상 외로 많이 떨어질 경우 투자리스크를 회피할 수 있는 다섯 가지 방법을 알아보자.

## 1. 적시 펀드변경으로 수익률 하락 방지

적시에 펀드변경을 통해 투자수익과 손실의 효율적 관리가 가능하다. 주식이 오를 때는 주식형펀드, 내릴 때는 채권형펀드로 자유롭게 변경할 수 있다. 변액보험에서 펀드변경은 적립식투자가 일정 기간 이상 진행된 후 축적된 펀드투입금액(적립금)을 현재 운용 중인 다른 펀드로 한꺼번에 이전하는 것이므로 거치식펀드로의 전환 효과와 더불어 펀드변경 시점에 그동안의 이익을 실현하는 동시에 향후 수익률 보전과 재상승을 목적으로 재투자하기 위한 사전 조정작업이다.

펀드변경을 통해 얻을 수 있는 가장 큰 효과는 ① 변경 시점에서 가장 수익이 높은 펀드에 적립금 전액를 거치식으로 투입함으로써 그간 쌓아놓은 펀드누적수익률을 보존하고, ② 향후 펀드기준가의 하락으로 인해 더 나쁜 결과를 초래할 가능성을 미연에 차단하기 위한 사전 조치로 수익률 하락을 막아 투자리스크를 최소화할 수 있으며, ③ 단순히 펀드변경만으로도 적립금 증가 효과를 가져와 고수익을 올릴 수 있다는 점이다.

부수적인 효과는 ① 투자자 스스로 주도적으로 리스크를 최소화하면서 자신의 자산(적립금액)을 잘 관리해 나갈 수 있는 투자인프라가 생기고, ② 자기책임에 입각해 주식과 채권, 파생상품 등 시장의 흐름을 따라 인플레 헤지(Hedge) 기능을 수행함으로써 금융 전반에 대한 트렌드를 종합적으로 알 수 있으며, ③ 이로 인해 재테크 혜안이 넓어져 저금리시대 중장기투자를 향한 포트폴리오 안배를 유효적절히 해나갈 수 있다는 점 등이다.

### 2. 의도적으로 계약을 실효시켜 자금 안전성 도모

계약을 실효시키면 특별계정에 투입된 금액(펀드) 전액이 일반계정으로 이체된다. 보험 특성상 위험보장을 받을 수 없다. 이 경우 변액유니버설보험 적립형 또는 변액연금보험은 부활이 가능하다. 하지만 변액종신보험, 변액CI보험 등 보장형 변액보험은 효력이 상실될 경우 피보험자의 신체적 위험, 직업적 위험, 도덕적 위험의 증가로 인해 자칫 부활(효력 회복) 승낙을 받지 못할 우려도 있음을 유념한다.

### 3. 보험계약대출을 한도까지 받는 방법

보험계약대출(약관대출)을 활용하면 내 돈을 추가로 들이지 않으면서도 지혜롭게 펀드보유좌수를 늘려 나갈 수 있다. 특별계정에 투입된 적립금 전액에 대한 투자리스크를 모두 회피할 수는 없으나 펀드잔액의 최소화로 어느 정도는 상쇄할 수 있다. 약관대출로 인한 활용 효과의 즉시성은 약관대출 원리금을 상환할 때 그 시기를 잘 포착해 활용하는 데서 나타난다. 대출금은 본인이 언제든지 신청하여 활용하고 갚을 수 있으며 대출금 신청 횟수에 대한 조정이 필요 없으므로 금상첨화이다. 주가하락 시 적립금 규모가 약관대출을 받아 리스크를 회피해 나갈 수 없을 정도로 작다면 굳이 약관대출제도를 활용할 필요는 없다.

### 4. 중도에 자금인출하여 손실 폭 줄이는 방법

중도자금인출제도는 은행예금처럼 자유롭게 적립금의 범위 내에서 돈을 찾아 가계의 현금흐름을 원활히 할 수 있는 변액보험만의 장점이다. 해약환급금의 일정 범위 내에서 언제든지 수시로 인출하여 활용할 수 있으므로 긴급자금으로의 융통성 있는 활용 이외에도 주가가 심하게 하락한다면 이를 대안으로 삼아 이용할 만하다. 이 경우 중도인출금액은 총납입 금액이 아닌 해약환급금의 약 60%의 범위 내에서 활용할 수 있다. 단, 일정 기간이 경과해야 가능하고, 자금을 중도인출하게 되면 보험가입금액이 줄어들게 되어 당초 목적한 생활보장플랜상에 지장을 초래할 수 있다는 단점이 있다.

### 5. 코스트 애버리징 효과 노려 역으로 추가납입 활용

적립식펀드에서 투자자가 스스로 펀드를 관리해 큰 수익을 올릴 수 있는 방법 중 하나가 보험료 추가납입이다. 추가납입제도란 현재 들어놓고 있는 적립식펀드에서 정기납입일뿐 아니라 다른 날도 활용해 적립금을 쌓는 것을 말한다.

변액보험에서의 보험료 추가납입은 기본보험료의 일정 적용률에 따라 합당한 금액을 적합한 시기에 추가로 납입하는 것을 의미한다. 특히 변액보험에 가입한 이후 추가납입을 하지 않는다는 것은 고수익 올리기를 포기하는 것과 마찬가지이다. 추가보험료에는 사업비 중 신계약비가 공제대상에서 제외되어 기본보험료를 납입할 때보다 그만큼 펀드에 투입되는 보험료 규모가 커지게 되기 때문이다. 추가납입보험료에 대해서는 유지비도 공제하지 않고 단지 수금비만 공제하는 보험사도 있다.

펀드 재테크를 위해서는 때론 공격적인 역행투자전략도 필요하다. 단, 전제조건은 펀드시장에 대한 종합적인 판단력과 집중력을 어느 정도는 겸비를 하고 난 다음 추진해 나가야 하며, 이 경우에도 전문가의 도움을 받는 것이 중요하다는 점을 유념한다.

투자 가이드

### 약관대출

약관대출을 받으면 원금상환 전까지 펀드의 계약자적립액(특별계정 투입금액)에서 약관대출금액만큼 운용되지 않는다. 약관대출금액을 제외한 적립금 잔액만 특별계정에서 운용된다. 대출받은 원금을 모두 상환하게 되면 일반계정에 잠시 머무른 다음 곧바로 특별계정으로 편입, 기존 계약자 적립금에 추가되어 투자·운용된다.

특별계정에서 일반계정으로 자금이 이체되었을 경우에는 적립금에 대한 부리(簿利)이율은 해당 상품의 상품예정이율을 적용받는다. 변액보험의 예정이율은 보험사마다 각기 다른데 보험료 산출 시 중요한 요소이므로 잘 살펴본다. 예정이율에 대한 사항은 사업방법서에 나와 있고 이를 기초로 약관에도 나와 있는데, 자세히 봐야 알 수 있으므로 해당 사에 문의해 정확히 파악한다.

## 예정기초율이 몇 %인지 확인하라

### 예정기초율에 따라 보험료 책정 규모 상이

펀드투자 실적에 따라 투자수익률이 달라지지만 먼저 보험료 규모를 도외시할 수 없다. 적립식펀드의 경우 맨 처음 상품을 만들 때 월납입하는 돈에 다른 부수적인 요소가 그리 많지 않다. 즉, 공제하는 돈이 별로 없다. 선취수수료 등 몇 가지 말고는 펀드로 투자되고 나중에 평가금액에서 공제한다.

그런데 변액보험은 다르다. 모든 보험상품이 그렇듯 보험료를 구성하는 요소가 다양하다. 변액보험의 보험료를 산출할 때에는 보험료산출기초율을 활용하는데 이를 예정기초율이라고 한다. 예정기초율은 ① 예정위험률, ② 예정이율, ③ 예정사업비율 등 보험료 계산의 기초가 되는 세 가지 구성요소를 말한다. 변액보험 가격인 보험료를 산출하는 데에는 이 세 가지 요소가 반드시 필요하다. 이를 3이원(利原)방식이라 한다.

생명보험회사는 장래 보험금 지급을 위하여 계약자의 납입보험료 중 일정 부분을 적립해 나간다. 적립금은 일정한 이율로 운용될 것을 예정하고 있는데 이 운용이율을 예정이율(Expected Interest Rate)이라 한다. 예정이율이란 보험료를 납입하는 시점과 보험금 지급 시점 사이에는 시차가 발생하므로 이 시간 동안 기대되는 수익을 미리 예상하여 일정한 비율로 보험료를 할인해 주는데 이 할인율을 말한다. 예정이율이 낮아지면 보험료는 비싸지고, 예정이율이 높아지면 반대로 보험료가 싸지게 된다. 예정이율은 저축보험료 산출시 적용된다. 특별계정이 아닌 일반계정(일반보험)에 들어가는 예정이율은 대부분 채권에 투자해서 얻은 수익을 토대로 산출된다.

예정사망률(Expected Mortality Rate)은 위험보험료 계산의 기초로서 실제 사망 확률을 정확하게 예측하기 곤란하므로 과거의 사망률에 다소의 안정성을 예견하여 예정사망률을 나타낸다. 예정사망률이 낮아지면 사망보험의 보험료는 싸지고 생존보험의 보험료는 비싸지는 것이다. 반대로 예정사망률이 높아지면 사망보험의 보험료는 비싸지게 되고 생존보험의 보험료는 싸지게 된다. 예정사망률은 모든 보험사가 경험생명표를 적용하는데 사망급부금 적용방식의 차이로 위험보험료 규모가 각기 다르다.

보험회사가 보험계약을 유지하고 관리하는 등 사업을 추진해 나가는데 있어서는 여러 가지의 비용이 소요된다. 이런 운영

경비를 미리 책정하여 일정한 비율로 영업보험료에 계산해 넣는데, 이 비율에 의해 계산된 사업비를 예정사업비(Assumed Rate of Expense)라 한다. 예정사업비의 구성비율은 예정사업비율이라고 한다. 보험계약자가 지불하는 보험료가 낮아지려면 예정사업비율이 낮아져야 한다. 예정사업비율은 부가보험료 산출 시 적용되는 이율이다.

변액보험에 있어서 보험사가 얻을 수 있는 이익은 크게 나누어 (1) 예정사망률과 실제 사망률과의 차이에 의해서 생기는 이익인 사(死)차익, (2) 예정이율과 실제 이율의 금리 차에서 발생하는 이익인 이(利)차익, (3) 보험모집인 수당과 계약유지비, 보험료 수금비 등 예정사업비가 실제 사업비보다 많아 생긴 비(費)차익 등 세 가지로 구분된다.

보험사 이익이 커지면 커질수록 가입자 이익은 줄어들게 된다. 거꾸로 보험사 이익이 줄어들면 가입자 이익은 커진다. 따라서 변액보험을 가입할 때에는 세 가지 예정기초율을 잘 살펴본다.

### 예정이율 높은 상품 선택해야 수익도 높다

변액보험을 유지하는 기간 동안(보험기간) 적용하는 이자율인 예정이율은 보험사가 보험기간 동안 대출, 유가증권에 대한 투자, 부동산투자 등으로부터 발생한 자산운용수익을 미리 예측하여 정한다. 따라서 예정이율이 높으면 보험사의 자산운용실적이 양호하다는 것을 의미하므로 이로 인해 상대적으로 보험료가 낮아지게 된다.

예정이율은 보험사별로 같은 이율을 적용하는 경우도 있지만 대부분 약간씩 다르게 적용한다. 특히 특약 부분에 대한 예정이율도 살펴보는 것이 좋다. 여기서 유념해야 할 사실은 예정이율이 높다고 해서 무조건 환급률이 높다거나 또는 펀드에 투입되는 돈이 많아지는 것은 아니다. 예정사업비지수가 낮아야 실질적인 환급률이 더 높아진다. 예정이율이 높을수록 보험료는 싸지고, 예정사업비가 낮을수록 펀드에 투입되는 돈이 많아지게 된다. 따라서 보험회사가 쓰는 예정사업비는 낮고 예정이율이 높은 상품을 선택한다.

**투자 가이드**

### 예정이율과 수익률

예정이율이 낮고 예정사망률과 예정사업비율이 높은 상품은 경과기간이 길면 길수록 동일한 수익률을 내고 있는 다른 상품과 비교해 실질 수익률, 즉 환급률이 많이 떨어진다. 가입자에게 돌아오는 돈이 적다는 것이다. 따라서 예정이율이 높고 예정사업비지수는 낮으면서도 해약환급금이 높은 상품이 가장 좋은 보험상품이라 할 수 있다. 자신에게 돌아오는 파이가 작으면 작을수록 상대방에게는 그만큼 이익이 된다. 따라서 나에게 돌아오는 파이를 키우려면 심도 깊은 통찰력이 필요하다.

# 가입 후 보험료를 **반드시 추가납입하라**

현재 10년 이상 장기간 저축할 목적으로 변액유니버설보험 저축형 또는 변액연금보험을 가입했는데 월보험료만 납입하고 있는가? 아니면 추가로 보험료를 납입하고 있는가? 만약 당신이 월보험료, 즉 기본보험료만 납입하고 있다면 당신은 변액보험을 통해 고수익을 올리기 힘들 것이다. 아니, 고수익을 올릴 생각이 아예 없다고 해도 과언이 아닐 정도로 재테크 문외한이라 할 수 있다.

"아니, 이게 무슨 말이냐?"고 반문할 독자들이 많을 것이다. 이유여하를 불문하고 깊은 고민을 하면서 10년 이상 장기투자를 하기 위해 변액보험을 선택했다고 한다면 조금이라도 투자수익률을 더 높이는 방법론을 모색해 그 솔루션을 찾아야 하는데 그 첫 번째가 바로 보험료를 추가로 납입하는 것이다. 그것만이 변액보험을 가입하여 고수익을 올리는 최선의 길이요, 조금이라도 경과기간을 빨리하여 적립식펀드 또는 은행상품과 대항할 수 있는 유일한 길이기 때문이다. 특히 적립식펀드와 10년 이내 투자수익을 어느 정도 엇비슷하게 가도록 만들려면 반드시 추가납입을 해야 한다.

### 기본보험료와 추가보험료의 사업비 부과 규모 상이

보험료추가납입 시와 기본보험료만 납입 시의 수익률 차이는 그 어떤 투자상품보다 크게 나타난다. 투자자가 납입하는 보험료 중 펀드에 투입되는 보험료 비중이 기본보험료와 추가납입보험료의 경우 각각 다르다. 기본보험료란 변액보험을 가입할 때 맨 처음 내는 보험료를 말하고, 추가납입보험료는 제2회 보험료를 납입할 때 추가로 납입하는 보험료를 말한다. 일반적으로 보험상품은 약관상 맨 처음 계약할 때 약정된 보험료가 만기 시까지 적용되어 납입되게 되어 있는데 변액보험은 보험료의 추가납입이 가능하다.

그러면 기본보험료를 납입할 경우와 추가로 보험료를 납입할 경우 무엇이 다른가? 왜 추가납입을 해야 수익률이 더 높아지는가? 그 이유는 바로 사업비를 공제하는 비율이 서로 다르기 때문이다. 현재 기본보험료와 추가납입보험료에 대한 사업비 부과는 일반적으로 아래 방식으로 하고 있다(단, 아래 내용은 예시이며, 변액상품의 종류마다 사업비 부과 규모가 매우 다름을 알린다).

### 기본보험료의 사업비(부가보험료) 차감방식 및 부과 규모

(1) 가입 1차년도부터 10차년도까지 : 기본보험료의 약 8~20% 정도를 매

월 차감

- 11차년도부터 펀드 환매할 때까지 : 기본보험료의 약 4~10% 정도를 매월 차감

이외에 위험보험료를 매월 납입하는 보험료에서 차감한 후 특별계정에 투입하는데 위험보험료는 나이가 들수록 늘어난다. 즉, 가입기간이 길면 길수록 더 많이 공제한다.

### 추가납입보험료의 사업비(부가보험료) 차감방식 및 부과 규모

가입 이후 경과기간에 상관없이 추가납입보험료의 약 2~7% 정도를 매월 차감

보험료를 추가납입하면 100만 원 중 얼마가 펀드에 투자될까? 자그마치 최고 약 98만 원 정도가 펀드에 투자된다. 이때 내는 추가납입보험료에는 위험보험료도 없다. 또 사업비 중에서 가장 큰 규모를 차지하는 신계약비도 발생하지 않는다. 보험회사 운영에 필요한 유지비도 없다. 단, 운영에 필요한 명목으로 수금비를 책정하여 매월 약 2~5% 정도를 차감한 후 95~98% 정도를 펀드에 전량 투입한다(이 경우 보험사에 따라서는 유지비 명목으로 추가납입보험료분에 대해서 공제하는 경우도 있으므로 잘 살펴본다).

기본보험료만 납입할 당시에는 펀드에 투입되는 비율이 월보험료의 약 80~88% 정도 되었는데 반해 보험료를 추가납입하면

펀드에 투입되는 비율이 무려 10% 이상 더 높아지는 것이다. 이는 곧바로 수익률과 연결되어 연환산수익률이 10% 이상 차이가 나게 된다. 10년 이상 장기적으로 연환산수익률을 10% 이상 매년 꾸준히 내기도 쉽지 않을 텐데 단지 보험료를 추가납입했다고 해서 이를 커버할 정도로 수익을 발생시킬 수 있다면 이 얼마나 기쁘고 만족스러운 일인가? 당연히 추가납입을 해야 하지 않겠는가?

# 피보험자는 저연령자(여자)를 선택하라

## 피보험자는 누구로 하는 것이 좋을까?

변액보험은 상품구조상 피보험자의 나이가 많으면 많을수록 수익률이 반비례하여 떨어지도록 설계되어 있다. 대부분의 상품이 위험보험료를 계산할 경우 평준보험료를 기준으로 하여 산출하는데 변액보험은 초기 수익률 보전을 위해 자연보험료방식으로 산출한다. 나이가 많으면 위험보험료 부분이 상대적으로 많아져서 수익률이 떨어지게 되므로 한 살이라도 더 젊었을 때 보다 많은 보험료를 납입하는 것이 훨씬 이익이다. 나이차가 많이 날수록 수익률 격차는 더욱 크게 발생한다.

변액보험 개발 시 적용하는 경험생명표를 보면 20세에 사망할 확률은 남자는 0.053%이고 여자는 0.028%이다. 그러나 100세에 사망할 확률은 남자는 59.563%이고 여자는 41.145%이다. 경험생명표상 나이가 많아질수록 위험도가 증가하여 사망률이 매우 높아지므로 보험회사는 이에 따른 리스크를 염두에 두고 선의의

다수 가입자를 보호하기 위해 위험보험료를 조정하여 상품을 개발할 수밖에 없다.

### 한 살이라도 어린 가족을 피보험자로 선택하라

피보험자는 가급적 나이가 어린 자녀로 한다. 변액보험이 비록 투자상품이지만 보험상품의 일종이므로 피보험자에 따라 수익률 차이가 발생한다. 특히 피보험자의 나이가 많을 경우에는 연 투자수익률이 5% 이상 지속적으로 발생한다 하더라도 30년 이상 경과 시 사망 리스크가 크게 작용하여 오히려 적립금액이 줄어드는 역조현상이 나타날 수 있다.

변액보험은 15세부터 가입이 가능하도록 설계되어 있으므로 15세 이상의 어린 자녀를 피보험자로 하는 것이 유리하다. 그렇게 해야만 통장의 대물림, 즉 상속도 가능하다. 보장도 중요하지만 목적자금마련을 위한 재테크가 주목적이므로 가족 중 가장 어린 사람을 피보험자로 해야 더 많은 수익을 올릴 수 있다.

### 남자보다 여자를 피보험자로 해야 수익이 높다

두 남녀가 재테크를 목적으로 변액보험을 가입했다. 만약 나이, 가입기간, 사업비 부과 규모가 모두 똑같고, 투자수익률 또한 같다고 가정한다면 누가 투자수익률을 더 많이 낼까? 정답은 당연히 여자이다. 피보험자를 남자로 하면 같은 나이의 여자보다 투자수익률을 더 올릴 수 없다.

보험상품을 개발할 때에는 경험생명표를 근간으로 이루어지는데 이때 가장 중요한 요소가 생명표와 사망표이다. 대부분의 보험상품에서 남자와 여자의 보험료가 차이가 나는 것은 우리나라의 경우 여자의 평균수명이 남자보다 훨씬 길기 때문이다. 무려 약 7세 이상이 차이가 난다. 그래서 오래 살 가능성이 있으면서 그로 인해 상대적으로 보험 혜택을 많이 보는 상품은 여자가 더 유리하므로 보험료 규모가 남자보다 여자가 더 크다.

그런데 이런 보험은 생존보험 형식의 연금보험 등 몇몇 상품에만 국한된다. 대부분의 보험상품은 보험금 지급 사유가 보험사고를 전제하므로 사고 또는 사망할 확률이 높은 사람은 당연히 보험료가 비싸지게 된다. 즉, 여자보다는 남자가 평균수명이 짧고 일반적으로 사고도 많으므로 보험료가 더 비싸게 적용된다. 그래서 변액보험 또한 남자보다는 여자에게 적용되는 보험료가 더 저렴하다. 특히 변액보험에서 펀드투자수익률을 올리는 데 있어서 남자는 여자에 비해 절대적으로 불리한 입장에 놓여 있다. 남자와 여자의 수익률 차는 경과기간이 길수록 더 커진다. 보험사마다 위험보험료 적용방식이 약간씩 달라 보험료 또한 성별 또는 나이별로 다소 차이가 있으므로 잘 살펴보고 가입한다.

### 오래 살수록 남자의 투자수익률은 더 떨어진다

남자와 여자의 나이가 똑같다고 가정할 경우 젊은 시절 가입하면 피보험자의 사망률에 많은 차이가 발생하지 않기 때문에 그리 큰 수익률 차이가 발생하지 않는다. 그런데 나이가 많아질수록 남자와 여자의 수익률 차이는 점차 벌어지게 된다. 여자보다 평균수명이 짧은 남자는 나이를 먹을수록 사망할 확률이 점점 더 높아진다. 자연보험료를 적용한 위험보험료의 크기가 매우 커져서 상대적으로 펀드에 투입되는 특별계정 보험료의 크기가 줄어들게 되고, 그렇게 되면 자연적으로 적립금액이 불어날 수 있는 시드머니가 커지지 않게 되므로 수익률이 기대수익률만큼 올라가지 않게 된다.

반면 여자는 남자보다 평균수명이 길고 이에 따라 사망할 확률이 작아지므로 똑같이 나이를 먹더라도 보험료에서 차지하는 위험보험료의 비율이 상대적으로 적어 특별계정 투입금액이 크게 줄지 않아 수익률이 남자보다 더 높게 나타난다.

## 공시이율 높은 보험사 상품을 선택하라

### 공시이율이 높으면 적립금액 규모가 더 커진다

현재 동갑의 A와 B가 변액보험을 가입하여 똑같은 투자수익률을 올리고 있다. 60세가 되는 시점에서 그간 납입한 적립금액을 모두 연금으로 전환하여 매월 연금 수령을 받아 노후를 안락하게 지내려고 한다. 이 시기(은퇴한 이후)에 A가 가입한 보험회사의 공시이율과 B가 가입한 보험회사의 공시이율이 서로 다를 경우 A와 B가 매월 지급받는 연금액에는 차이가 있을까, 없을까?

정답은 '차이가 있다'이다. 현재 변액보험의 가입설계서에 나와 있는 '연금전환 시의 연금액 예시표'는 단지 예시에 불과하다. 나중에 연금으로 전환할 경우 가입설계서에 예시로 나오는 '연금전환 시 연금지급액 예시표'는 투자수익률과 더불어 경험생명표상의 연금사망률 및 현재 시점의 공시이율을 적용하여 산출한 것이다. 따라서 예시된 공시이율보다 적게 나온다면 해당 보험사의 연금전환 예시금액은 당연히 적을 수밖에 없다. 만약 변액유니버

### 변액연금보험

변액연금보험은 가입 후 연금개시 전, 즉 연금을 수령받기 전까지 보험료를 납입하면서 피보험자가 사망 또는 상해를 당했을 경우 사망보험금과 급부금을 지급해 주는 제1보험기간과, 연금개시 후부터 평생 동안 약정된 연금액을 계속 지급해 주는 제2보험기간으로 구분된다.

설보험을 가입한 후 일정 기간 경과한 시점에서 연금전환을 고려하고 있다면 절대로 이점을 간과해선 안 된다.

또한 변액유니버설보험은 적립금액이 특별계정으로 운용되다가 연금전환을 하면 그 시점에서 일반계정으로 전환·운용되고, 이에 따라 자연히 그간 쌓아놓은 적립금액은 또 공시이율을 적용받게 된다. 이때에도 가입한 보험사의 공시이율이 작으면 지급받는 연금액 또한 더 줄어들게 될 것이고, 반대로 공시이율이 높으면 당연히 더 많이 지급받게 될 것이다. 변액연금보험 또한 연금개시를 한 이후의 제2 보험기간에는 특별계정에 편입되어 있던 적립금액이 일반계정으로 이체되면서 공시이율을 적용받는다.

## 투자목적이 노후자금마련이면 변액연금보험 가입

변액연금보험과 변액유니버설보험은 연금지급 시 적용하는 연금률 방식이 다르다. 변액연금보험은 연금전환 시 연금전환 시점의 경험생명표를 적용받지 않고 가입 당시의 경험생명표가 그대로 적용이 된다. 그러나 변액종신보험, 변액CI보험, 변액유니버설 적립형 및 보장형 등 연금전환 기능이 부가된 상품은 45세 이후 적절한 시점에 연금전환을 할 경우 연금전환 시점의 경험생명표를 적용받는다. 즉, 현재 적용하고 있는 경험생명표가 아닌 연금전환 당시에 작성한 경험생명표를 적용하여 연금지급준비금을 계상하게 된다. 그렇게 되면 경험생명표상 연금생존률이 자연히 높아지게 되는데 이는 연금지급률과 매우 밀접한 연관성이 있다.

평균수명이 길어짐에 따라 새로운 경험생명표를 적용할 때마다 경험생명표상의 생존률이 약 2년 정도 늘어나게 되는데, 이 경우 지급되는 연금 총액은 같지만 총연금지급액을 1/n로 나누어 지급하므로 늘어난 기간만큼 매월 지급받는 연금액은 상대적으로 줄어들게 된다. 부연하면 경험생명표가 변경될 때마다 은퇴 시점에서의 생존률은 높아지고 사망률은 점점 낮아지게 되므로 연금지급률 및 매월 지급되는 연금액도 자연적으로 낮아지게 된다. 따라서 오로지 노후자금마련을 위해 장기투자할 계획이라면 변액유니버설보험을 통한 연금전환보다는 변액연금보험을 가입하는 것이 훨씬 유리하다. 변액연금보험은 수익률이 저조하더라도 연금지급이 개시되면 기납입보험료 중 주계약보험료에 대해서는 전액 연금으로 전환해 주는 안전장치가 마련되어 있다.

현재 공시이율이 부리·적용되는 상품은 변액유니버설보험, 변액연금보험, 변액유니버설종신보험 등 실적배당형인 모든 변액보험과 일반연금보험 및 장기저축성보험 등 금리연동형(변동금리형)

저축성보험 그리고 보장성보험의 적립순보험료 부분 등이다. 연금전환을 할 경우 공시이율 적용에 관련된 사항은 해당 상품의 연금전환특약 기초서류인 사업방법서와 상품약관, 보험료 및 책임준비금 산출방법서와 보험요율 등에 자세히 기재되어 있다.

## 꼭 확인할 보험사 **특화우대제도 10**

변액보험에는 자산운용 옵션 이외에도 하이브리드(Hybrid)형 상품답게 다양한 옵션과 부대서비스제도가 있다. 이는 보험사 특유의 가입자를 위한 서비스우대제도로서 적립식펀드와 차별성을 주어 목적자금마련 시기에 따라 선택하도록 만든 제도이다. 다양한 특화우대제도는 상품의 부가가치를 높여주는 역할을 한다. 이를 잘 활용하면 사업비로 공제된 특별계정 투입 보험료를 어느 정도 만회하거나 또는 다른 부수적인 많은 유무형의 효과를 누릴 수 있다.

### 1. 추가납입보험료 한도가 높은 회사 상품을 선택하라

변액보험 가입 후 투자자가 스스로 고수익을 실현하는 방법 중 보험료추가납입제도를 활용하는 것보다 더 고수익을 보장받는 방법은 없다고 할 만큼 추가납입제도는 중요하다. 가입 후 여유가 있을 때 얼마까지 추가납입이 가능한지 반드시 살펴본다. 추가납입보험료 규모가 매년 연간 납입하는 기본보험료의 총액인지, 매회

얼마 이상 가능한지, 1년에 몇 번까지 가능한지를 살펴본다. 예를 들면, 월납 100만 원짜리 변액보험을 가입했다고 할 경우 추가납입보험료 한도가 기본보험료의 300%라 한다면 제2회 보험료를 납입할 때 기본보험료 100만 원의 1년분인 1,200만 원의 300%, 즉 3,600만 원까지 분할하거나 또는 일시금으로 추가납입할 수 있는데 회사마다 다르므로 잘 파악한다.

### 2. 최저보증이율이 높은 회사의 상품을 선택하라

최저보증이율은 아무리 금리가 변동되어 떨어진다 해도 최소한 이만큼은 금리를 보장해 주겠다는 제도이다. 즉, 투자실적이 하락한다 하더라도 보험사에서 책임을 져주는 금리 마지노선이 최저보증이율제도이다. 최저보증이율은 1%에서부터 다양하게 적용하고 있다. 연금전환을 할 경우 연금개시 이후 지급 연금에 대해 최저보증이율을 적용하기도 한다. 만약의 사태를 고려하여 최저보증이율이 높은 회사를 선택하는 것이 유리하다.

### 3. 최저보증제도를 폭넓게 실시하는 회사를 선택하라

최저보증제도란 회사의 운용자산이익율 및 시중금리가 하락하더라도 지급을 보증해 주는 제도이다. 투자실적이 나쁠 경우 최초 가입한 기본 보험계약의 사망보험금만을 최저보증해 준다. 최저보장금액은 예금자보호 대상이 되므로 가급적 최저보장금액이 큰 상품을 선택한다. 최저보장금액의 범위는 보험사 상품에 따라 다소 차이가 있다. 변액연금보험은 연금지급 개시일까지 계약을 유지할 경우 투자수익률이 마이너스로 떨어져도 가입자가 그간 지불한 보험료 전액(주계약 보험료 부분)을 지급하거나 또는 기납입 보험료의 70%까지만 보장해 주는 등 보험사마다 다르므로 잘 살펴본다.

### 4. 기본보험료 의무납입기간이 짧은 회사를 선택하라

기본보험료 의무납입기간은 나중에 부득이한 사유로 보험료를 납입하지 못할 경우 의무납입기간만 채우면 그간 납입한 보험료에서 쌓인 특별계정 투입금액(적립금액) 범위 내에서 대체보험료가 발생하여 해당 보험을 실효시키지 않고 유지시켜 주는 제도이다. 의무납입기간이 짧으면 짧을수록 가입자에게는 유리하다.

### 5. 자산운용 옵션이 다양한 회사를 선택하라

변액보험은 가입기간이 긴 만큼 유지하는 동안 주가하락 등 투자수익을 올리는 데 걸림돌로 작용할 만한 변수들이 다양하다. 이들로부터 위험관리를 효율적으로 할 수 있도록 기본적인 안전장치가 마련되어 있는데 그것이 바로 자산운용 옵션이다. 투자기간 중 자산운용 옵션을 활용하여 기대하는 수익과 감수해야 할 변동성을 적절히 조정해 나가는 포트폴리오전략은 장기투자 시 매우 중요한 자산보유가치의 수단이다.

자산운용 옵션 활용 시 펀드 자체적으로도 리스크 상당 부분의 헤지가 가능하므로 펀드조정을 통한 리스크 헤지 수단 및 자산배분에 따른 수익구조 개선 수단으로 안성맞춤이다.

자산운용 옵션은 ① 펀드변경(FT : Fund Transfer), ② 펀드별 편입비율 설정(AA : Asset Allocation), ③ 펀드별 자산배분비율 자동재배분(AR : Auto Rebalancing), ④ 보험료 평균 분할투자(DCA : Dallar Cost Averaging) 방식 등 네 가지가 있는데 이를 모두 구비했는지, 제약조건 없이 자유롭게 활용할 수 있는지 등의 여부를 확인한다.

## 6. 중도인출 기능과 가능 여부를 확실히 살펴라

유사시 적립금액 범위 내에서 자금을 중도인출해 활용하는 제도는 장기상품인 변액보험에 있어서 매우 필요한 제도이다. 중도인출이 아무 때나 되지는 않는다. 일정 기간이 경과해야 하고 연간 인출 횟수가 정해져 있으며 인출 가능한 금액 또한 제한되어 있다.

## 7. 자동이체(급여이체)할인제도를 확인하라

보험료를 자동이체로 하면 제2회 납입 이후 계속 보험료에 대하여 월 납입 금액의 약 0.5~1% 정도를 적용·할인해 주는 경우가 많다. 특히 샐러리맨은 급여이체를 하면 약 1.0~1.5% 정도 할인 혜택을 볼 수 있으므로 자동이체보다는 급여이체를 신청하는 것이 유리하다. 저절로 투자수익 1%를 내는 기회를 스스로 포기하지 않길 바란다.

## 8. 보험료 고액할인 규모 여부를 확인하라

보험료고액할인제도는 기본보험료 규모가 일정 금액 이상일 경우 부가보험료(사업비) 범위 내에서 차감하여 우대해 주는 제도이다. 월 납입하는 보험료 규모가 클 경우 이를 이용하면 보다 높은 수익을 올릴 수 있다. 보험료고액할인제도는 어느 보험사의 변액상품이나 모두 적용하고 있다. 단, 할인 폭과 금액의 범위는 각기 다르다. 보험사에 따라 다르지만 월 50~100만 원부터 적용, 기본보험료의 약 0.5~1% 정도 할인해 주고, 그 이상의 보험료 규모에 대해 추가로 '+α'를 적용하여 할인 폭을 늘려준다.

## 9. 보험료 납입면제 여부를 확인하라

이왕 보험투자상품에 가입했으니 보험 특성상 도움이 되는 서비스 제도를 폭넓게 활용할 필요가 있다. 이 중 보험료납입면제제도는 빼놓을 수 없는 제도이다.

**보험료납입면제제도**

보험료납입면제제도란 보험 가입자(피보험자)가 재해나 질병, 사고 등의 보험사고를 당한 경우 앞으로 납입할 보험료의 납입을 전액 면제해 주는 것을 말한다. 일반적으로 2~3급의 장애로 판명 시 보험료 납입을 면제해 주는데 이 경우 보험계약은 보험기간 동안 계속 효력을 발휘한다.

## 10. 단체로 가입할 경우 단체취급 특약을 활용하라

변액보험을 직장 및 급여단체에서 5명 이상이 모여 단체로 들면(단체취급 특약 가입) 약 1.0% 정도 할인 혜택을 적용받게 된다.

# 동일조건 시 수익률 **달라지게 만드는 변수 13**

변액보험에는 투자수익률의 향방을 가름하는 다양한 변수들이 있다. 만약 투자수익률 제고 변수들이 서로 상반되게 작용한다면 가입기간이 경과할수록 수익률의 격차는 더 벌어지게 된다. 가입 후 경과기간이 길어지면 길어질수록 투자수익률에 변수로 작용하는 요소들의 적정한 제어 및 상호결합 여부에 따라 수익률 편차가 매우 크게 발생한다. 펀드수익률을 결정짓는 독립적 또는 종속적인 변수를 근본적으로 가져오는 것은 보험사인데, 보험사의 올바른 선택은 매우 중요하다.

변액유니버설 저축형인가 보장형인가 또는 변액연금보험인가, 변액유니버설 종신보험인가, 변액 CI보험인가에 따라 투자수익률에 영향을 미치는 변수들의 상호작용에 따른 투자수익 차이는 다르게 표출되지만 그 맥락은 비슷하다. 지금부터 구체적으로 동일한 조건 하에서 투자수익률을 달라지게 하는 열세 가지 변수와 그 이유에 대해서 총체적으로 설명하겠다. 이 부분을 정확히 알고 소화해야만 원하는 목적자금마련에 하자가 없다.

### 1. 회사마다 사업비 부과 규모의 차이

보험사 운영에 필요한 사업비를 매월 납입하는 보험료에서 선취하는 규모의 크기는 상품별, 펀드 유형별, 특히 보험사별로 그 편차가 매우 심하다. 금융감독원에 따르면 변액연금보험의 사업비가 회사별로 최고 두 배까지 차이가 난다고 한다. 이에 따라 변액보험 펀드의 연평균수익률도 회사별로 약 두 배가량 차이가 난다. 사업비 규모가 크기 때문에 초기 투자수익률이 매우 적게 나타나는 것이다. 이는 기간이 경과할수록 보험사별 수익률 편차로 귀결된다.

### 2. 위험보험료 적용방식의 차이

변액보험은 보험투자상품이므로 단순히 납입되는 보험료 중 사업비를 공제한 나머지 금액 모두가 펀드에 투입되지는 않는다. 사업비 이외에 위험보험료가 빠져나가게 되는데 이 비용은 피보험자가 나이를 먹을수록, 즉 경과기간이 길면 길수록 차감되는 규모가 점점 커져서 수익률 제고에 막대한 걸림돌이 된다.

### 3. 펀드수수료 부과 규모의 차이

보험사별 변액보험상품의 펀드종목마다 부과되는 수수료 규모가 각기 다르다. 똑같은 펀드종목을 선택했다고 하더라도 A 보험사와 B, C, D 보험사 등이 각각 다르다. 또한 펀드수수료는 변액유니버설보험의 저축형과 보장형, 변액연금보험, 변액유니버설보험 종신형 등 상품구조 또는 펀드종목에 따라 각기 다르다. 변액보험의 펀드수수료는 적립식펀드와 동일하게 후취를 적용하므로 수수료 0.1%의 차이는 장기투자를 하면 할수록 수익률 제고에 매우 큰 영향을 미친다.

### 4. 보험가입금액 크기의 차이

보험료 규모도 같고 사업비 지출 규모도 똑같은데도 불구하고 경과기간별 환급률이 다르게 나타나는데 그 이유는 기본보험료당 보험가입금액을 산출하는 기준이 각 사별로 다르기 때문이다. 생명보험에서 보험가입금액은 전 보험기간을 통하여 보험회사가 보상할 금액의 한도를 의미한다. 보장 급부금을 어느 선까지 가입자에게 지급해 주느냐에 따라 위험보험료 규모의 크기가 다르게 산출되고 보험가입금액 또한 결정된다.

보험가입금액이 높은 상품은 위험보험료 금액이 많으므로 특별계정에 투입되는 비용이 상대적으로 적어 순수하게 펀드수익률을 높이는 데 있어서는 별로 도움이 되지 않는다. 재테크를 목적으로 변액보험을 가입할 경우에는 보험료 규모가 크지만 상대적으로 보험가입금액이 적은 상품을 선택해야 더 유리하다. 보험료

대비 보험가입금액이 크면 클수록 수익률은 상대적으로 더 적게 나타나므로 위험보험료로 빠져나가는 돈이 얼마가 되는지 알아야 한다.

### 5. 신계약비 이연상각기간 후 들어가는 비용 차이

보험모집수수료 등 보험사 판매자원 확보의 원천이 되는 신계약비는 금융당국의 정책에 따라 보험 가입 이후 10차년도까지만 공제하고 11차년도 이후부터는 공제하지 않는다. 그러나 신계약비 중 수금비와 유지비는 보험이 소멸되는 그날까지 지속적으로 공제한다. 즉, 10차년도 이전에는 신계약비와 유지비, 수금비(이 세 가지를 부가보험료 또는 사업비라고 함)를 공제한다. 이 경우 수금비와 유지비의 공제 폭이 보험사마다 큰 편차를 보이고 있다. 유지비와 수금비를 많이 공제하면 할수록 수익률은 반대로 더 작아지게 된다.

### 6. 펀드변경 시 수수료 부과 여부

펀드변경을 할 때 많은 보험사가 서비스 제고 차원에서 수수료 부과를 하지 않고 있지만 전환수수료를 부과하는 회사도 있으므로 잘 살펴본다. 변액보험에서 펀드변경 시 수수료는 적립식펀드 중 엄브렐러펀드에서 펀드 전환을 할 때와 비슷하게 매 1회당 약 0.1% 정도를 부과하고 있는데, 이 또한 보험사마다 많은 차이가 있으므로 잘 살펴본다.

### 7. 추가납입보험료의 펀드투입비율 차이

보험료는 맨 처음 가입할 당시 지불하는 기본보험료와 가입기간 내 언제라도 납입이 가능한 추가납입보험료로 구분된다. 추가납입보험료에서 공제되는 사업비는 기본보험료와 달리 신계약비를 제외한 나머지를 공제하므로 상대적으로 기본보험료에서 공제하는 사업비보다 매우 적다. 일반적으로 추가납입보험료 중 펀드에 투입되는 보험료는 약 95~98% 정도이고 유지비, 수금비 명목으로 사업비가 약 2~5% 정도 공제된다. 이 경우 또한 보험사에 따라 공제 규모 및 내역이 각기 달라 수금비만 공제하는 회사도 있으므로 잘 살펴본다.

### 8. 매매회전률 높을 경우 증권거래세 증가

변액보험은 적립식펀드와 달리 주식을 매도할 경우 증권거래세를 내야 한다. 보유종목을 되팔 때 세금을 내야 하는데 세금비율은 증권양도가액의 0.3%이다. 따라서 매매회전률이 높으면 높을수록 증권거래세가 상대적으로 많이 부과되므로 수익률이 일정 규모 이상 상회하지 못하면 오히려 수익률이 더 나빠질 수 있다. 매매회전률이 높으면 상대적으로 펀드투자수익률이 떨어지게 되므로 잘 살펴본다.

## 9. 총보수비용의 크기

펀드비용 중 가장 큰 것은 판매보수, 수탁보수, 운용보수, 사무관리보수 등 통상 펀드수수료라 일컫는 신탁보수이지만 이외에 회계감사비용, 자산운용보고서 제공비용, 투자증권의 평가비용, 일반사무관리보수 등 기타 제비용을 특별계정자산에서 차감하게 되는데 이를 총칭하여 총보수비용이라 한다. 이 비용의 크기가 보험사마다 각기 다르기 때문에 펀드수익률 또한 달라진다. 총보수비용비율은 펀드종목마다 각기 다른데 일반적으로 펀드수수료 체계와 비슷하게 보수비율이 적용되고 있다. 펀드수수료 규모가 큰 펀드는 총보수비용비율도 상대적으로 크다고 생각하면 된다.

## 10. 보험료 미납 시 적립액에서 차감되는 월 공제액 차이

보험료가 미납되면 적립금액에서 월대체보험료를 차감한 다음 나머지를 펀드에 투자하는데 월대체보험료의 규모가 매우 크다. 매월 보험료를 납입하다가 부득이한 사정으로 보험료 납입을 못 할 경우에는 그간 납입한 보험료의 펀드투입 부분(특별계정)에서 발생하는 적립금액의 범위 내에서 보험사 운용에 필요한 사업비와 보험금 지급사유 발생 시 필요한 위험보험료, 특약보험료 부분 중 수금비 등을 임의로 공제하게 되는데 이를 월대체보험료라고 한다. 월대체보험료 공제액은 기본보험료의 신계약비 상각기간과 비슷하게 경과기간을 적용하고 있다.

예를 들어, 가입한 지 10년 이하일 경우에는 기본보험료 중 사업비공제금액과 같은 비율로 공제한다. 10년을 초과한 경우 또한 기본보험료 공제 시와 같은 비율로 공제하는데, 다른 점은 이때 위험보험료 부분까지도 같이 공제한다는 점이다. 단, 해당 회사에서 정한 보험료 의무납입기간 이내에 보험이 해지되었을 경우에는 계약이 소멸된 것으로 간주하므로 월대체보험료를 차감하지 않는다. 보험료 의무납입기간은 회사별로 다소 상이하지만 대체로 약 2년을 적용하고 있다.

## 11. 연금전환을 한 이후 공시이율 적용 차이

변액유니버설보험을 가입한 이후 노후에 대비해서 연금을 수령하고자 연금전환을 생각하고 있다면 변동수익률(공시이율)이 높은 회사의 상품을 가입한다. 나중에 연금으로 전환할 경우 가입설계서에 예시로 나오는 '연금전환 시 연금지급액 예시표'는 투자수익률과 더불어 경험생명표상의 연금사망률 및 현재 시점의 공시이율을 적용하여 산출하는데 이때 예시되는 공시이율이 적으면 해당 보험사의 연금전환 예시금액은 당연히 적게 나오게 된다. 따라서 변액유니버설보험을 가입한 후 일정 기간 경과한 시점에서 연금전환을 고려하고 있다면, 그리하여 조금이라도 연금을 더 많이 받고 싶다면 공시이율이 높은 회사의 상품을 선택한다.

## 12. 보험료 할인 혜택을 부여하는 제도상 차이

변액보험에서 보험료를 할인해 주는 방법은 매우 다양하다. 첫째, 보험료 납입방법상의 할인, 즉 보험료를 자동이체로 납입할 경우 할인해 주는 방법이다. 할인 폭은 월납 보험료의 0.5~1.0% 정도인데, 장기 유지 시 이 차이는 매우 크므로 반드시 자동이체제도를 활용하도록 한다. 둘째, 고액계약자 할인우대제도 방법으로 세 가지가 있다. (1) 보험가입금액을 기준으로 하는 방법, (2) 월납 보험료 규모를 기준으로 하는 방법, (3) 단체로 가입할 경우 할인해 주는 방법이다. 보험사에 따라 (1)과 (2)를 병용하는 경우도 있고, 이 중 한 가지 방법만 적용하기도 하며, 아예 할인을 안 해주는 경우도 있으므로 잘 살펴본다. (3)의 경우 단체취급 특약 가입 시 기본보험료에 대해 0.5~1.5% 정도 할인해 주는데 회사마다 규정이 각기 다르다. 단체로 가입하면 고액계약자에 대한 할인 혜택은 적용되지 않는다.

## 13. 펀드수수료 이외에 고정적으로 부과되는 후취수수료 차이

고정적으로 부가되는 펀드수수료 이외에 별도로 부과되는 후취수수료가 있는데, 이는 모든 변액보험에 들어가 있는 최저사망보험금보증비용(GMDB : Guaranteed Minimum Death Benefit)과 변액연금보험에 들어가 있는 최저연금적립금보증비용(GMAB : Guaranteed Minimum Annuity Benefit), 지정적립금보증비용(GPAB

: Guaranteed Peak Accumulation Benefit) 등이다.

펀드수수료는 해당 펀드종목을 선택할 때 내는 지출비용이지만, 이들 수수료는 변액보험상품을 선택하는 그 순간 수수료 규모가 결정된다. 그런데 이 후취수수료의 부과 규모가 만만치 않다는 데 문제가 있다. 변액보험의 펀드수수료 부과 규모는 일반적으로 0.2~1.0% 사이인데 GMDB는 약 0.05~0.09% 정도를, GMAB는 약 0.5~0.7% 정도를 매년 공제한다. GPAB는 지정적립금 운용금액의 연 약 0.5% 정도를 매월 계약해당일에 차감한다(단, 약 7~10년 정도 경과한 시점에서 지정적립금 보증을 신청하였을 경우에 한해서만 발생하도록 설계했다).

보증비용의 적용방법 및 비용은 보험사마다 각기 다르므로 잘 살펴본다. 부과 규모의 차이는 선취가 아닌 후취이므로 장기투자를 할 경우 펀드수익률에 큰 영향력을 미친다.

## 고수익 실현 위해 알아야 할
# 최상의 재테크 방법

Q1. 나이와 성별이 똑같은 친구 세 명이 있다. 모두 같은 보험사의 변액연금보험 월납입금 100만 원짜리 상품에 가입했다. 펀드종목도 펀드투입금액도 모두 같다. 세 사람은 20년 후 은퇴한 다음 가입한 변액연금보험으로 노후를 편안하게 보내기로 약속했다.

그런데 투자 마인드가 달라 납입해 나가는 방법이 각기 달랐다. A는 기본보험료를 20년 동안 매월 꼬박꼬박 납입해 나갔다. 추가납입은 하지 않았다. B는 기본보험료를 10년 동안 납입하는 대신 가입과 동시에 다음 달부터 추가납입보험료를 해당 보험사에서 옵션으로 제기한 상한까지 납입했다. 딱 10년 동안만 납입하고는 11년째부터는 적립금을 그냥 묶어두면서 자산운용 옵션으로 리밸런싱 효과를 누렸다. C는 은퇴자산을 변액보험 하나로 해결할 요량으로 기본보험료와 함께 추가납입보험료를 한도까지 모두 납입하면서 20년을 꼬박 채웠다.

세 사람이 모두 20년 동안 보험료를 납입했지만 그 과정은 각기 달랐다. 이들이 가입한 상품 중 적립금 기준이 아닌 단순히 투자수익률만 놓고 따질 때 누가 제일 수익률이 높을까?

▶ 정답은 B이다.
그 다음은 C이고, A의 펀드수익률이 가장 적게 발생한다.

Q2. 위 예시 조건처럼 세 사람이 기본보험료를 매월 100만 원씩 납입했는데 납입기간만 달랐다. D는 10년 동안, E는 20년 동안, F는 30년 동안 꼬박 납입했다. 이 경우 기본보험료 납입기간 동안은 매년 항상 똑같은 수익률(연환산수익률)이 발생했다면 적립금액 규모를 떠나 단순히 펀드수익률만 놓고 볼 때 누가 30년 후 만기 시점에 실질 수익률이 제일 높을까?

▶ 정답은 D이다.
그 다음이 E이고, F가 가입한 변액보험의 수익률이 가장 낮게 형성된다.

위 두 문제의 정답을 모두 맞추었는가? 이해가 안 되는 듯 고개를 갸웃거리기도 하고 또 잘 이해했다고 생각하면서 "그래, 앞으로 이렇게 해 봐야지"하고 결심하는 사람도 있을 것이다.

변액보험은 무작정 장기간 납입한다고 수익률이 높아지는 일반 저축성상품이 아니다. 또한 돈을 많이 투자한다고 좋은 성과로 귀결되는 투자상품도 아니다. 보험과 투자를 결합한 보험투자상품이라는 점을 명심해야 한다. 자금여력이 다할 때까지 기본보험료만 납입해 나가는 것은 변액보험 투자의 속성을 모르는 것이다. 위와 같은 결과를 가져오는 이유는 바로 여기에 있다.

첫째, 10년 동안 신계약비를 이연상각함에 따른 비용의 부과 여부에 차이가 있기 때문이다. 미상각 신계약비가 계속 차감되게 되어 10차년도 이후에 펀드로 투입되는 비용의 크기가 달라지게 된다. 둘째, 나이를 먹을수록 증가하는 위험보험료 때문이다. 몇십 년 이상 오래 납입할수록 자연보험료방식을 적용하는 변액보험의 속성상 위험보험료 규모가 매우 커져서 투자수익률 제고에 걸림돌로 작용한다. 셋째, 추가납입을 할 경우 기본보험료보다 펀드로 투입되는 금액이 훨씬 많기 때문이다. 넷째, 펀드수수료 후취 규모가 복리식으로 증가하기 때문이다. 비록 적립식펀드보다 수수료가 저렴하지만 20년 내지 30년 이상 계속해 납입해 나간다면 변액보험수수료 부과 규모가 가입 초기에는 아주 작지만 이후에는 결코 만만치 않게 발생한다.

Q3. G와 H 두 사람이 있다. G는 변액보험을 가입한 뒤 해당 보

험사에서 정한 보험료 의무납입기간도 지나고 또 앞으로 납입할 여력도 별로 없어서 7년 동안만 납입하고는 그 이후 계속 예치를 해놓았다가 13년 후인 20년째 되는 해에 찾기로 했다. 그런데 H는 10년 동안 납입한 다음 11년이 경과한 시점부터 보험료 납입을 그만두고 예치해 놓았다. 이 두 사람의 투자수익률을 올리는 모든 조건이 동일하다고 가정했을 때 누가 더 실질 수익률이 높을까? 이 경우 또한 해지 시 적립금액의 크기는 제외한다.

▶ 정답은 H이다.

10년 이하 유지할 경우 이를 보험료 미납으로 처리하여 월대체보험료가 발생하기 때문이다. 그 이유는 신계약비 이연상각기간이 10년이고 이에 따라 가입 후 10년 이전에 보험료 납입을 중단하면 신계약비와 더불어 유지비, 수금비 등 부가보험료(사업비)와 위험보험료 그리고 선택특약 부과 시 특약보험료까지 특별계정에 투입된 적립금에서 미납 보험료 형식, 즉 월대체보험료로 빠져나가게 된다. 월대체보험료로 차감되는 부분은 가입 후 10년 동안은 보험료를 내든 안 내든 특별계정에 돈이 있으면 무조건 차감된다. 특별계정에서 월대체보험료가 빠져나간다는 것은 펀드보유좌수의 감소를 의미하므로 줄어든 펀드보유좌수만큼 수익률이 덜 나게 된다.

즉, G는 보험료 납입을 7차년도까지만 하여 8차년도부터 10

차년도 말까지 3년 동안 월대체보험료가 펀드에서 자동으로 빠져나가므로 H보다 그 금액만큼 수익률을 못 올린 셈이다. 11차년도부터는 신계약비 이연상각기간이 끝나기 때문에 월대체보험료 또한 발생하지 않는다. 즉, 펀드(특별계정)에 투입되는 보험료가 많아지게 된다. 따라서 변액보험을 가입하면 반드시 10차년도 말까지, 즉 11차년도까지는 기본보험료와 추가납입보험료를 함께 납입해 나가야 더 많은 투자수익을 올릴 수 있고, 내 돈을 더 안전하게 눈송이처럼 굴려 나갈 수 있게 된다는 점을 유념하면서 변액보험 펀드투자의 길을 가야 한다.

변액보험은 보험투자상품이지만 상품의 기본구조상 정기보험이 아닌 종신보험이다. 저축을 목적으로 상품을 설계했다 해도 종신보험 또는 연금보험과 연계하여 설계되었지 순수저축성보험과 연계하여 설계되지 않았다. 따라서 상속자금으로 자식들에게 물려주기 위해 계속 방치해 두거나 너무 고연령이 되면 위험보험료가 많아져서 이를 적립금액으로 모두 다 커버할 수 없을 지경에 이를 수 있다. 그렇게 되면 해약환급금이 매우 적어지게 되고, 결국에는 해약환급금이 없어져서 계약이 자동적으로 소멸되는 극한 상황까지 올 수도 있으므로 목적자금을 어느 정도 달성한 적절한 시점에서 환매를 적극 모색하는 것이 최상의 재테크 방법이다.

5장

# 펀드투자 성공 위해 반드시 알아야 할 것들

펀드 투자에서 성공하는 길은 단 두 가지이다.

돈을 잃지 않는 것과

돈을 잃지 않도록 원칙을 반드시 지켜 나가는 것이다.

- 워런 버핏

## 펀드수수료
## 꼼꼼히 따져본 후 가입하라

### 가성비 높은 양질의 펀드를 선택하라

수수료는 펀드 이익금에서 차감되기 때문에 수수료의 많고 적음이 수익률 제고에 지대한 영향을 미치게 된다. 따라서 펀드 가입 시 가성비, 즉 판매수수료는 저렴하고 수익은 높은 양질의 펀드를 골라야 한다. 반드시 보수체계를 살펴보고 난 후 신탁보수와 판매보수, 환매수수료 등 지불되는 보수 수준이 가능한 한 저렴한 비용을 지불하는 펀드를 선택해야 한다.

펀드에 가입하면 맨 처음뿐만 아니라 운용기간 내내 그리고 결산을 할 때에도 수수료를 내야 한다. 배당금에서도 수수료(운용보수)를 공제한 후 지급한다. 환매할 때는 환매수수료를 내야 한다. 가입을 한 다음부터 해지하는 그날까지 내가 투자한 돈에서 보수비용이 빠져나간다는 사실을 간과해서는 안 된다.

신탁보수는 펀드 유형별로 많은 차이가 발생하는데 그 기준은 펀드에 투자하는 주식투자 비중이 크면 클수록 투자비용 또한 정비례하여 늘어난다. 주식형펀드가 제일 높고 인덱스형, 혼합형, 채권형, MMF 순으로 낮아진다.

### 신탁보수 운용체계에 대해 정확히 알자

투자자들이 펀드에 가입하면서부터 자금을 찾을 때까지 지급하는 펀드비용은 크게 보수와 수수료로 나뉜다. 보수와 수수료는 간접투자를 하는 대가로 지불되는 필수적 경비이다. 보수(Fee)는 펀드가 만들어져 운용되고 청산될 때까지 펀드 운용에 대한 노력의 대가로 지불되는 일체의 비용으로 환매수수료도 포함된다. 수수료는 펀드를 가입할 때 판매에 대한 일을 맡아 처리해 준 데 대한 대가로 판매사(은행, 증권사, 보험사)에 지급하는 비용을 말한다.

비용지불의 부과 시점은 보수는 일반적으로 펀드 순자산총액에 대해 연 단위 %로 계산하며 일정 기간마다 정기적으로 부과되는 반면 수수료는 일반적으로 1회성 비용으로 지불되는데 이들 보수율 체계와 펀드수수료 부과방법은 신탁약관에 자세히 명시되어 있다. 또한 투자설명서에도 상세하게 표시되어 있으므로 반드시 살펴본다. 그러나 얼마를 떼는지 그 정확한 금액은 펀드 운용성과에 따라 매일 다르게 나타나므로 일일이 알기는 어렵다. 현재는 대부분 이 둘을 혼용하여 사용한다.

## 펀드수수료는 순자산총액 기준으로 매일 공제

펀드수수료는 연간요율로 부과방법은 선취와 후취에 따라 다르다. 수수료는 펀드를 가입할 때 지불하는 선취수수료, 만기 후 돈을 찾을 때 지불하는 후취수수료, 중도환매 때 지불하는 중도환매수수료 등으로 구분한다. 선취수수료와 후취수수료는 판매사 몫이고, 중도환매수수료는 펀드에 남아 있는 기존 가입자들에게 돌아가는 몫이다.

선취수수료 펀드는 가입 당시에 판매수수료를 한꺼번에 내고 2년째부터는 운용수수료만 내도록 되어 있으므로 단기투자자에게는 불리하고 장기투자자에게는 유리하다. 반대로 후취수수료는 연간요율로서 365일로 나눈 일별요율을 가입한 이후부터 펀드의 순자산총액에 비례하여 환매를 하는 그날까지 매일매일 계산하여 공제하므로 점점 공제금액이 커져서 장기투자자에게는 선취수수료보다 훨씬 불리하게 된다.

추가형펀드는 신탁보수를 전일의 순자산총액을 기준으로 하여 매일매일 공제하지만 단위형펀드는 결산일 및 중간결산일에 일괄하여 공제한다. 대부분의 적립식펀드가 추가형펀드이므로 가입하려는 펀드 또한 매일매일 신

### 순자산총액

순자산총액(Net Asset Value)이란 펀드의 시장가격에서 부채를 뺀 금액(펀드의 시가총액)을 말하는 것으로 자산총액에서 신탁보수와 같은 미지급된 부채총액을 공제하고 유가증권평가손익을 가감하여 산출한다.

탁보수를 공제하고 있다고 생각하면 된다.

## 보수비용에 대한 지급대상은 모두 다르다

펀드를 가입하면 신탁보수 및 수수료 명목으로 판매보수와 운용보수, 수탁보수, 평가보수, 환매수수료, 기타수수료 등 총 일곱 가지의 비용을 지불하게 된다. 펀드를 운용하는 자산운용사에게 지불되는 운용보수(운용수수료)와 은행 등 펀드자산을 보관해 주는 펀드관리사에게 지불되는 수탁보수(수탁수수료)가 넓은 의미의 신탁보수이다.

신탁보수의 경우 70%는 판매사인 은행이나 증권사 또는 보험사가, 나머지 30%는 펀드운용사 몫으로 나뉜다. 운용보수(운용수수료)는 펀드를 운용하는 투신운용사 또는 자산운용사가 펀드를 운용해 준 대가로 받는 수수료이다. 판매보수(판매수수료)는 은행, 증권, 보험사 등 투자자들을 직접 상대하는 판매사가 투자와 관련된 정보제공, 결제서비스 등의 대가로 받는 수수료이다. 증권사, 은행, 보험 등 판매사에게 지불되는 판매보수가 바로 수수료의 개념이다. 그래서 일반적으로 판매수수료라고 불린다.

대행수수료가 있는데 이는 같은 판매회사가 판매가 끝난 뒤에도 투자자를 대신해서 펀드를 보관·관리해 주는 대가로 받는 수수료로서 판매수수료에 포함시켜서 한꺼번에 징수하는 경우도 있다. 수탁보수(보관수수료)는 펀드가 투자하고 있는 주식이나 채권,

현금 등 펀드의 자산을 보관·관리해 주는 대가로 은행 등 자산보관회사가 받는 비용이다. 펀드 판매사는 금융사고를 방지하기 위해 투자자가 맡긴 돈을 직접 보관하지 않고 은행 등 공신력 있는 금융기관에 맡겨두고 있다. 사무관리보수는 매일매일 펀드의 기준가격 계산 및 가치 산정, 운용보고서 작성 등 일반 업무에 드는 비용으로 사무관리회사에 지급하고 있다. 그리고 평가보수는 펀드평가회사에 지급하는 비용이다.

환매수수료는 가입기간 중 환매할 때, 즉 만기 이전에 돈을 찾을 때 지불하는 비용을 말하는데 이에 관해서는 수익률제고에 변수로 작용하므로 별도로 설명하기로 한다. 기타수수료는 펀드매니저가 시장 상황에 따라 편입된 주식을 매매하는 데 드는 비용과 펀드의 소송비용, 운용사에서 펀드 운용을 위한 총회 등을 개최하였을 경우 들어가는 제반 비용 등을 말한다. 만약 펀드매니저가 해당 펀드 내의 주식종목에 대해 단타매매를 수시로 하게 되면 기타수수료 부담은 그에 비례하여 커지게 된다. 이외에 주식매매 시 지불되는 증권거래세, 수익증권을 증권예탁결제원에 예탁할 때 드는 결제수수료 등이 있다.

이런 다양한 보수가 수익률 제고에 많은 영향을 끼치게 된다. 보수율과 수익률의 관계에 일정한 룰은 없다. 즉, 보수가 높은 상품이 수익도 무조건 높다고 할 수는 없다. 단지 보수율과 해당 펀드의 리스크 크기는 어느 정도 정비례한다.

## 펀드변경은 전문가와 상의 후 하라

### 펀드변경은 절대 감으로 하지 마라

펀드변경은 수익을 조금이라도 더 올리고 투자종목의 변동성에 따른 손실을 다소라도 줄여 나가기 위해 실시하는 투자전략이다. 펀드변경을 통해 투자수익률을 자신이 원하는 방향으로 유리하게 이끌기 위해서는 주가상승기에는 주식형펀드로, 하락기에는 채권형펀드로 갈아타야 하는데, 이 경우 주가와 채권가격의 상승기(고점) 및 하락기(저점)의 초입이 언제인가를 예측할 수 있는 능력이 중요한 잣대로 봉착한다. 비전문가는 이 시기를 놓쳐 자칫 수익률을 오히려 떨어지게 만드는 우를 범할 수 있다.

주가나 채권가격 등은 여러 가지 변수가 복잡하게 반영되므로 이를 정확히 예측하는 일은 매우 어렵다. 펀드투자에서 시장의 흐름을 예측하여 매매하겠다는 마켓타이밍(market timing)은 애널리스트나 펀드매니저 등 전문가들도 매우 어려운 문제로 토로하고 있다. 펀드변경 시 기준가 반영 시점은 변경 요청일로부터 제2 영업일에 이루어진다. 그런데 15시 이후에 신청할 경우에는 제3 영업일 기준가가 반영된다. 사이버를 통해 신청하면 시간에 관계없이 제2 영업일 기준가를 적용한다. 물론 이때 공휴일과 토요일은 제외하고 기준가를 반영한다. 변액보험은 펀드종목의 변경과 추가납입 시점의 변경, 약관대출 상환 시점의 변경 등을 통해 마켓타이밍을 할 수는 있다.

### 펀드변경 잘못하면 오히려 수익률 저하 초래한다

변액보험의 펀드종목을 변경하려고 할 때 한 가지 명심할 것은 펀드변경을 하면 이는 현재 펀드에서 보유하고 있는 주식을 처분하는 것이므로 증권거래세가 붙는다는 사실이다. 펀드변경을 많이 하면 할수록 매매회전율이 높아지고 이에 비례하여 증권거래세를 물어야 하므로 펀드변경으로 인해 수익률을 올리는 폭보다 증권거래세로 빠져나가는 돈이 자칫 더 많아지는 형국을 당할 수도 있다.

증권거래세는 매도 시에만 약정대금(거래금액)의 0.3% 부과 세금이 발생하는데 부과방식은 종목합산방식이 아닌 체결건수방식이다. 즉, 매도종목에 대한 일괄

#### 증권거래세

증권거래세는 주식의 소유권이 유상으로 이전되는 경우 해당 주식의 양도자에게 양도가액을 기준으로 부과하는 세금을 말한다.
증권거래세는 주식을 팔 때 코스피 종목은 양도가액의 0.15%를, 코스닥 종목에는 0.3%를 부과하고 있다.

과세가 아닌 매도 시 체결건수에 대해 부과한다. 체결권별방식은 원 단위 이하는 절사하기 때문에 종목합산방식에 비해 거래세가 소폭 줄어드는 효과가 있다. 단, 조세특례제한법의 적용을 받는 펀드는 증권거래세가 붙지 않는다. 또한 변액보험에 따라서는 펀드를 변경할 경우 수수료를 공제하는 보험사도 있으므로 이를 잘 살펴본다.

### 펀드변경은 반드시 전문가와 상의 후 신청하라

펀드투자 시 수익이 나지 않는 경우는 주식형펀드의 경우에는 가입한 이후 주가가 계속 하락하는데도 불구하고 주식형펀드를 계속 그대로 방치해 두는 것이고, 채권형펀드의 경우는 채권가격이 계속 하락하는데도 채권형펀드를 마냥 방치해 두는 경우이다.

펀드수익률을 지속적으로 자신이 원하는 방향으로 이끌기 위해서는 주가상승기에는 주식형으로, 하락기에는 채권형으로 변경해야 한다는 것은 당연한 일인데, 문제는 그 시점을 어떻게 정확하게 포착하느냐 하는 것이다. 주가하락과 상승기의 초입이 어느 시점인지를 예측할 줄 아는 능력이 필요한데 비전문가는 이 시기를 놓쳐 자칫 수익률을 오히려 떨어지게 만드는 우를 범할 수도 있다. 따라서 주가가 하락하거나 또는 평상시 펀드변경을 할 경우에도 전문가에게 자문을 구한 다음 펀드변경 여부를 결정하는 것이 바람직하다.

펀드변경 시에는 투자의 귀재인 워런 버핏이 말했듯이 "Buy Low & Sell High"라는 주식투자의 기본 원칙이 적용됨을 명심하라. 늘 경제 트렌드의 변화와 주식시장의 흐름을 예의 깊게 분석하면서 변경 시점을 적기에 포착하고 변경 종목을 잘 선택하여 리밸런싱 효과를 극대화시키기 위해 노력해야 한다.

# 펀드 가입 시 확인할 핵심 요소 14

### 1. 투자성향과 잘 맞는 상품을 선택한다

펀드 선택에서 가장 중요한 요소는 투자자의 성향이다. 가입목적, 투자금액, 가입기간 등이 자신의 투자성향과 부합되어야 한다. 즉, 해당 상품과 궁합이 잘 맞아야 한다.

특히 변액보험은 반드시 10년 이상의 장기목적자금마련 목표를 세운 다음 선택해야 한다. 그 이유는 10년 이상을 투자해야만 수익률이 확실하게 제고되기 때문이다. 10년 이상 투자해야 하는 이유는 첫째, 10년 이상 유지하면 펀드수익분에 대해 완전비과세 혜택이 주어진다. 둘째, 10년 이상 유지하면 매월 납입하는 보험료에서 공제되는 사업비 규모가 매우 작아져서 11차년도 이후부터는 본격적으로 펀드 투입금액이 늘어나게 된다. 셋째, 변액보험의 펀드수수료는 후취 적용하는데 부과 규모가 적립식펀드보다 상대적으로 작아 약 13년 이상 지나면 변액보험수익률이 더 높게 형성되는 역전 터닝포인트 현상이 나타나게 된다.

## 2. 자신이 원하는 펀드종목을 최적화하여 선정한다

안정적인 펀드인지, 공격적인 펀드인지, 언제까지 가입할 것인지 등을 확실하게 정한 후 그에 부합하는 펀드를 찾는다. 주식, 채권, MMF 등 유가증권에 투자하는 전통형 펀드만이 아닌 대체투자펀드인 AI펀드(Alternative Investment Fund)도 살펴본다.

AI펀드는 ELS(Equity-Linked Securities : 주가연계증권) 등 주식을 기초로 한 선물 옵션 등 파생상품이나 부동산, 선박, 원자재와 같은 실물자산에 투자하여 절대수익을 추구하는 펀드를 말한다. 주식형펀드의 보완재 역할을 수행하는 AI펀드도 포트폴리오 분산투자 차원에서 선택하면 좋다. 펀드 초보자는 인공지능펀드인 AI펀드(Artificial Intelligence Fund)를 선택하는 것도 바람직한 방법이다. AI펀드는 방대한 빅데이터(Big Data)를 활용·분석하여 펀드변동성을 예측하는 기술인 머신 러닝(Machine Learning) 기법을 적용하여 포트폴리오를 구성하고 금융시장의 변화에 대응하며 펀드자산을 관리하고 자동으로 종목을 추천해 주고 거래해 주므로 다른 펀드보다 상대적으로 신경도 덜 쓰이고 안정성이 있다.

## 3. 상품 내용을 속속들이 파헤친다

펀드 가입 시 대충 훑어보고 가입하면 자기주관적 의견이 부족한 상황에서 가입하게 되어 불완전판매(Misselling)의 원인이 되고, 이는 유지하는 도중 불만족의 근원이 된다. 설령 판매자가 설명의무를 위반했다 하더라도 펀드판매회사에게 손해배상을 청구할 수 없다는 금융감독원 분쟁조정위원회의 분쟁조정결과(2006. 6. 1)가 있듯이 투자상품은 어디까지나 본인의 귀책사유가 더 많이 적용된다는 사실을 명심한다. 따라서 자로 재듯이 무조건 꼼꼼하게 확인하고 난 후 결정한다.

### 4. 추적지수보다 더 높은 수익률 올리는지 추이 보고 선택한다

펀드수익률의 비교잣대인 벤치마크 대상을 확인한다. 주식배분비율이 높은 펀드는 해당 펀드종목이 추구하는 목표가 있다. 펀드는 목표로 하고 있는 기대수익률, 즉 추적지수가 있는데 그 지수보다 더 높은 수익률을 올려야 한다.

주식형, 인덱스형, 혼합형, 배당주형은 KOSPI 또는 KOSPI 200을, 해외펀드는 미국형의 경우 S&P500를 추적지수로 삼고 있다. 일본형은 일본 주식시장을 포괄하는 TOPIX 지수를 추종하도록 설계·운용하고 있으므로 이를 잘 살펴보면 앞으로의 성장가능성도 나름대로 판단할 수 있다. 지수와의 추적오차를 판단하려면 펀드 운용기간이 최소 1년은 경과해야 하므로 갓 출시된 펀드 가입은 가급적 지양하는 것이 바람직하다.

### 5. 가입할 펀드에 대한 독립변수와 종속변수를 확인한다

판매사(변액보험의 경우에는 매우 중요하다), 운용사, 해당 상품의 투자수익률 현황, 투자위험도, 지출비용 규모, 자산 보유내역, 펀드매니저, 펀드판매관리사 등을 먼저 살펴본다. 특히 투자한도가 주식, 채권, 파생상품, 실물자산별로 어떻게 비율이 조성되어 운용되고 있는지를 해당 신탁약관을 받아보고 확인한다.

### 6. 투자리스크가 발생할 개연성도 염두에 둔다

변액보험은 보장성과 수익성을 모두 겸비하고 있으면서 화폐의 실질가치 하락에도 대비할 수 있다는 장점이 있지만 투자리스크도 있음을 반드시 알고 가입한다.

투자실적이 좋을 경우에는 사망보험금과 해약환급금이 증가하지만, 투자실적이 악화될 경우에는 해약 시 원금 이하의 손실을 초래할 수도 있는 전형적인 'Middle Risk, Middle Return'형의 실적배당형 상품이다. 투자결과는 전적으로 계약자가 책임지는 자기책임원칙이 따름을 명심한다.

### 7. 펀드잔존좌수가 지속적으로 증가하는지 확인한다

당해 해지좌수가 많은 펀드는 펀드수명이 다했든지 아니면 다른 이유로 부실하게 운영되고 있는 징조이므로 수익을 많이 내도 신중히 검토하고 난 후 가입을 결정한다. 간혹 정책적으로 판매중지를 한 경우에는 예외이다(사후 리스크의 미연 방지 차원에서 변액유니버설보험 적립형을 판매중지한 경우 등).

### 8. 펀드수수료 부과방법과 그 규모를 확인한다

펀드를 가입하기 전에 먼저 펀드평가금액에 비례하여 매일 자동적으로 차감하는 신탁보수, 즉 펀드수수료의 운용체계를 확실하게 살펴본다. 펀드수수료 부과 규모가 크면 클수록 펀드에 투입되는 자산이 그만큼 적어지기 때문에 투자수익률 또한 적어지게 된다.

적립식펀드에 장기투자할 경우에는 투자기간이 길어짐에 따라 수수료 부담도 만만치 않은 만큼 반드시 수수료체계를 확인해야 조금이라도 더 수익률을 올릴 수 있다. 따라서 같은 운용수익률을 내고 있다면 당연히 펀드수수료가 낮은 상품을 선택한다. 이에 대해 자세히 알려면 금융투자협회, 은행연합회, 증권협회, 생명보험협회 등 금융기관을 방문하여 펀드 보수 및 비용 란을 클릭해 판매사별 또는 펀드별로 판매보수, 수수료 등 각종 보수비용을 비교·분석할 수 있다.

### 9. 투자설명서의 궁금한 사항은 모두 질문해 이해한다

판매사가 펀드를 판매할 때 투자자에게 가입을 권유하며 제공하는 투자설명서에는 펀드의 운용 개념과 방법, 투자위험, 자산운용전문인력(펀드매니저), 운용실적 등 해당 펀드상품에 대한 전반적인 사항이 자세하게 기재되어 있다. 투자설명서는 간접투자자산운용업법에 의하여 의무적으로 작성하여 투자자에게 제공하도록 명시하고 있으므로 매우 중요한 사전 확인 자료이다. 즉, 상품의 제품설명서와 마찬가지이므로 판매원이 지루해한다 싶을 정도로 꼼꼼하게 살펴본다. 궁금한 것은 그 자리에서 즉시 물어보고, 그래도 이해가 되지 않는 것은 투자설명서를 집으로 갖고 와 파악해 보면서 차후 질문을 통해 확인하는 습관을 가져야 한다.

### 10. 판매사와 판매위탁기관 모두 중요하므로 잘 살펴본다

적립식펀드는 실적배당형의 중장기투자상품이므로 무엇보다 이를 판매하는 판매사와 펀드를 운용하는 운용사의 능력이 선결조건이다. 특히 사후관리를 확실하게 받으려면 랩어카운트(Wrap Account) 형태 방식의 일환으로 하여 자신의 자산에 대해 종합적으로 관리와 형성에 도움을 줄 수 있는 판매사를 주거래 기관으로 선정하여 VIP 대접을 받는 것도 고려해 볼 만하다.

변액보험은 일반보험과는 달리 보험료 중 펀드에 투자되는 저축보험료 부분은 특별계정으로 운용한다. 이때 특별계정 부분은 안전성을 고려하여 조성한 펀드를 다른 금융기관에 위탁하여 간접투자를 하도록 되어 있다. 따라서 보험사의 선택도 중요하지만 해당 사가 펀드 운용, 즉 간접투자를 어느 금융기관에 위탁하는지도 매우 중요하다. 위탁기관이

**랩어카운트**

랩어카운트(Wrap Account)란 고객의 자산 규모와 투자성향, 위험수용도 등을 파악하여 예탁한 재산에 대해 자산구성부터 운용 및 투자자문까지 통상적으로 관리해 주는 개인별 종합금융서비스를 말한다.

튼튼하고 안정성이 보장되어야 설령 보험회사가 잘못되어도 이에 대한 불안감을 상쇄할 수 있다. 가입하고자 하는 보험회사뿐만 아니라 보험료를 투자·운용하는 간접투자기관, 즉 위탁기관이 어디인지를 반드시 알아본 후에 변액보험을 가입한다.

### 11. 제약조건과 부가서비스 여부를 꼼꼼히 살핀다

투자수익률을 올리는 데 디딤돌이 되는 시스템 구축 여부와 걸림돌이 되는 제반요소를 파악한다. 변액보험은 다른 보험상품과 상호 결합되어 설계된 관계로 판매하는 회사에 따라 상품 구성방법이 매우 다양하다. 펀드 형태는 어떠하고 종류는 얼마나 되는지, 보험료 추가납입을 얼마나 많이 할 수 있는지, 자산운용옵션제도는 어떠한지, 리스크 장치는 마련되어 있는지, 부가서비스제도로는 무엇이 있는지, 어떠한 특약이 있는지 등을 꼼꼼히 비교해 본다.

### 12. 의무납입기간이 언제까지인지 살펴본다

변액보험의 경우 펀드기준가 적용일은 경과기간 및 납입 시기에 따라 다소 차이가 있다. 가입 후 2년 이내에는 기본보험료의 경우 보험료 납입 응당일 기준가를 반영하고, 응당일 이후에 보험료를 납입한 경우에는 납입일을 기준으로 하여 기준가를 반영, 펀드좌수를 산정한다. 가입한 지 2년 이후에는 납입일을 기준으로 기준가를 반영하여 펀드좌수를 산정하는데 이는 기본보험료 의무납입기간과 관련성이 있고 의무납입기간에 따라 펀드기준가 반영 시점이 다른 회사가 많으므로 의무납입기간을 꼭 살펴본다.

### 13. 펀드매니저의 권한 범위와 운용 스타일을 알아본다

펀드매니저의 책임과 권한은 펀드 선택에 있어서 매우 중요한 요소이다. 자신의 역량을 최고로 발휘할 수 있는 여건이 조성되었는지 또는 운용하는 펀드가 완전히 정착할 때까지 책임지고 이끌어 나갈 수 있는 시스템이 구축되었는지, 팀별로 운용하는지, 그 경우 전문인력의 분포도는 어떻게 구성되어 있는지 등을 살펴본다.

### 14. 믿고 맡길 수 있는 전문가를 만난다

간접투자상품인 펀드는 말 그대로 자신이 직접 금융상품에 투자하는 것이 아닌 전문가에게 투자를 일임하는 것이다. 따라서 신중하고 성실하게 자산 포트폴리오와 펀드종목을 최적으로 설계해 주는 신뢰할 만한 전문가를 만나는 것이 제일 중요하다. 특히 만기 또는 목적자금을 달성할 수 있는 시점까지 펀드 변동성에 대해 올바로 컨설팅해 주는 믿고 맡길 수 있는 전문가와 장기적으로 재무적 동반자 관계를 유지한다. 변액보험은 변액보험판매관리사의 컨설팅 능력 및 사후관리의 지속 실시 여부가 매우 중요한 선택요인이 된다.

## 펀드 가입 후 사후관리비법 12

펀드에 가입했다고 투자가 끝난 것은 아니다. 펀드 운용 결과와 환매 시점에 따라 투자수익률의 변화가 다양하게 표출되므로 펀드 케어를 지속적으로 해 나가는 사후관리가 중요하다. 펀드 운용 관리는 운용사의 펀드매니저가 하지만 그들은 개개인의 펀드가 아닌 전체 운용자산에 대한 수익관리를 하므로 개별 펀드에 관한 수익관리는 개별 투자자가 해야 한다. 특히 목적기간 내에 목표수익률이 어느 정도 달성되면 환매를 언제 어떤 방법으로 하느냐가 중요한 투자전략이다. 좋은 펀드를 선택하는 것도 중요하지만 이에 못지않게 가입한 펀드를 잘 관리하여 조금이라도 리스크를 헤지해 나가면서 적기에 환매하여 수익을 가시화시키는 것이 더 중요하다. 펀드 내공이 쌓여야 불안하지 않다.

### 1. 환매할 때까지 관심을 갖고 지켜본다

일단 투자했으면 면밀한 관찰과 노력을 기울이는 성의가 필요하다. “운용사가 잘 알아서 하겠지” 하고 맡기기만 하면 안 된다. 펀드를 가입한 후에는 판매사나 운용사에 무조건 일임하지 말고 늘 관심을 갖고 지켜본다.

## 2. 펀드에 대해 공부하면서 준전문가가 되도록 노력한다

펀드투자 성공의 지름길은 일단 사후관리에 필요한 정보를 샅샅이 훑어 나가는 것이다. 매우 복잡하게 보이는 펀드의 자산운용옵션 방식에 대한 기본적인 사항과 수익률을 보다 올릴 수 있는 비법에 대해 전반적으로 이해한다. 주간 시세를 보고 펀드가 목표수익률에 접근했을 때 자신의 펀드가 얼마나 수익을 실현하고 있는지 직접 계산하는 노력도 필요하다.

**투자수익률 계산방법**

· 펀드기준가를 갖고 계산하는 방법

투자수익률=(현재 시점에서의 펀드기준가격/맨 처음 펀드 가입 시 기준가격-1)×100(%)

· 펀드평가액을 갖고 계산하는방법

투자수익률=(현재 시점에서의 펀드평가액/총 투자자금(총 납입금액)-1)×100(%)

## 3. 펀드 운용실적을 확인할 수 있는 소스를 찾는다

펀드 실적을 확인할 수 있는 소스를 찾아 관련 정보를 샅샅이 뒤져보는 습관이 필요하다. 가입한 해당 펀드에 대한 세부적인 관련

정보는 자산운용협회, 생명보험협회, 은행, 증권사, 보험사의 홈페이지, 포탈사이트의 펀드 코너, 펀드평가회사 홈페이지 등에서 펀드수익률 등을 통해 확인할 수 있다. 또한 매 분기 투자자에게 제공되는 자산운용보고서를 통해 제반 내용을 확인할 수 있다. 변액보험은 보험회사에서 반기별로 제공해 주는 보험계약 변동내용을 보면 보다 상세히 펀드 운용실적을 알 수 있다. 더 궁금한 사항은 운용사에서 결산기마다 작성하는 대차대조표와 손익계산서를 통해서 확인할 수도 있다.

### 4. 정기적으로 펀드 실적을 꼼꼼하게 살펴본다

펀드 가입 후 가장 먼저 체크할 것은 펀드의 수익률이다. 수익률이 얼마나 되고 어떻게 변하고 있는지, 가입한 펀드가 투자설명서대로 잘 운용되고 있는지, 어떤 자산이 편입되어 있고 성과는 어떠한지 등 최소한 매월 한 번 정도는 스스로 점검해 본다. 정기적으로 펀드 실적을 살펴보며 수익률 제고를 위한 적극성을 보인다. 수익증권통장을 매월 체크해 펀드기준가와 보유좌수의 변화 추이를 확인하고 펀드운용보고서를 보면서 펀드수익률의 변화 추이를 눈여겨 관찰한다. 특히 펀드 설정 규모(자산총액)가 어떻게 변하였는지 주의 깊게 본다. 펀드설정액이 지속적으로 증가하고 있다면 청신호이고, 갑자기 줄어들었다면 적신호라 할 수 있다.

운용보고서에 명시된 수익률은 현재 시점이 아닌 1개월 전의 투자자들의 평균수익률로서 개개인의 펀드수익률과는 차이가 있다는 것도 알고 살펴본다. 또한 투자자들에게 일반적으로 반기별 1회 이상 제공해 주는 보험계약관리 (변동)내용을 꼼꼼하게 살펴본다. 해당사 인터넷 홈페이지를 통해 계약자가 수시로 계약 변동 내역도 확인 가능하다.

### 5. 수익률 제고를 위한 실천방법을 모색한다

주가가 하락하면 그로 인한 손실을 피할 수 없다. 당초 전망과 달리 가입한 펀드의 수익률이 저조할 경우 하락의 원인이 되는 선행 요인을 찾아 미연에 방지하도록 노력한다. 영업점 상담직원 또는 필요시에는 펀드매니저와 상담하는 등 적극적인 자세를 보여야 한다. 만약 6개월 이상 성과가 저조할 때는 펀드 교체 혹은 환매를 신중히 고려해 볼 필요가 있다. 이때 펀드수익률이 저조한 이유를 판매사에 알아본다. 판매사는 단순히 펀드를 판매만 하는 곳이 아니라 펀드가 어떻게 운용되고 있는지 모니터링해 줄 의무가 있음을 유의한다.

### 6. 비슷한 유형의 펀드와 세밀하게 비교한다

벤치마크 대비 수익률을 확인하여 비슷한 유형의 펀드와 비교할 때 동일한 운용기간 중 펀드 실적이 어떻게 나오고 있는지 반드시 점검한다. 현재 어떤 주식을 보유하고 있고 어느 시점에 어떤 주식을 어떻게 매매했는지 파악한다. 주식매매 현황과 매매회전율도 살펴본다. 매매회전율이 높은 것은 시장 상황에 대응하여 적극적으로 투자를 하고 있다는 긍정적인 면과 함께 해당 펀드가 보유한 종목이 제대로 운용이 안 돼 잦은 매매에 따른 거래비용 발생으로 펀드수익률에 악영향을 주게 됨으로써 다른 주식으로 갈아타는 부정적인 양면성이 있다.

### 7. 펀드 운용 방향이 바뀔 경우 반드시 이를 확인한다

펀드는 신탁약관에 따라 운용되는 게 기본이지만 때로는 운용사가 신탁약관의 변경공시를 통해 운용방법을 일방적으로 변경할 수도 있으므로 가입 후 약관 또는 투자설명서 변경공시가 자신에게 이로운 방향으로 바뀌었는지 주의 깊게 살펴본다. 신탁약관 변경 시에는 판매사 또는 운용사 영업점에 1개월 이상 공시하므로 평소 늘 자기 펀드에 대해 신경 쓰는 습관을 갖도록 한다. 만약 신탁약관 변경에 대해 공시일로부터 1개월 이내에, 즉 이의신청기간 내에 판매사에 이의신청을 제출하고 펀드 환매를 청구한 경우에는 만기 시점이 아니더라도 환매수수료를 징수받지 않는다는 점도 알아둔다.

### 8. 지속적 납입 시 가계운용자산 포트폴리오를 점검한다

재조정이 가능한 상태로 포트폴리오를 구축한다. 가입한 펀드의 적립금이 많이 증가했으면 가계금융자산의 효율적 관리 차원에서 포트폴리오의 재조정도 필요하다. 현재 시점에서 판단할 때 전체 금융자산에서 펀드투자의 비중이 매우 높으면 자산형성과 관리 차원에서 안분비례에 입각해 투자 비중을 조절하려는 포트폴리오 수정전략도 재무설계 완성 차원에서 세워 나간다.

## 9. 제공해 주는 모든 자료는 잘 파악하고 반드시 보관한다

가입 시 제공해 주는 가입설계서, 신탁약관과 수탁보고서, 수익증권통장(보험증권통장), 계약 변동사항을 반기별로 알려주는 계약안내장, 매분기 결산 후 제공하는 자산운용보고서, 매년 결산 후 제공하는 결산안내서 등은 반드시 제공받아 확인한다. 이런 자료들은 차후 펀드 운용실적 체크 및 증빙자료 차원에서 필요하다. 특히 변액보험은 나중에 클레임이 발생할 것을 염두에 두고 모든 보험가입 안내자료를 보관하는 것이 만약의 경우에 대비하는 최선의 방책이다. 보험약관, 운용설명서, 가입자보관용 청약서, 신탁약관, 주요내용 안내확인서, 상품설계서 등은 꼭 전달받아 확인하고 잘 보관한다.

보험사에서 분기 또는 반기별로 제공하는 '적립금 변동내역 안내장'은 가입자 개개인의 펀드(특별계정) 보유내역을 확인할 수 있는 유일한 자료이므로 꼭 보관하면서 자신의 펀드 실적을 확인한다. 이 안내장에는 보험료 납입 횟수와 납입보험료 합계, 보험계약대출금액, 현시점에서의 해약환급금 규모 등 보험가입 세부내역뿐만 아니라 기간 중 계약자 적립금 및 사망보험금 변동내역과 현시점에서의 특별계정 보유좌수, 펀드별 기준가 및 특별계정 운용 현황 등이 자세히 게재되어 있다. 이를 보고 궁금한 사항은 해당사 콜센터에 확인하여 이해한다. 보험계약대출 또는 중도자금인출 등으로 적립금에서 자금을 일부 활용했을 경우에는 특별계정 보유좌수가 어떻게 변했는지도 확인한다.

## 10. 투자로드맵을 설정하여 지속적으로 위험을 관리한다

어떻게 위험관리를 해나갈 것인지에 대한 뚜렷한 로드맵을 설정해 놓고 그에 따른 위험관리방법을 터득해 나간다. 펀드변동성이 심하여 투자수익률곡선의 평탄화가 지속될 기미가 보인다면 자산운용 옵션을 활용해 리스크를 회피하려는 능동적인 결단이 필요하다. 어떻게 수익률이 변화하고 있는지 또는 위험요소는 없는지 등을 지속적으로 관찰하여 목적자금마련에 차질이 발생하지 않도록 한다.

## 11. 환매 시 패널티에 대해서도 확실하게 알아둔다

대부분의 경우 가입한 지 90일이 되기 전에 환매하면 패널티(penalty)를 부여하여 조기상환수수료를 징수당한다. 환매수수료 부과기간인 90일 내에 환매를 신청하면 투자 원금으로부터 수익금의 70%를 환매수수료로 내야 한다. 또한 가입 90일 이후 만기 이전 환매하면 이익금을 기준으로 90일 미만 이익금의 70%를 환매수수료로 내야 한다. 즉, 매월 펀드를 매입하는 매입 건별로 90일을 계산한 다음 합산하여 환매수수료를 부과한다. 이 경우 환매수수료 금액은 펀드 운용사마다 약간씩 다르므로 잘 살펴본다.

환매수수료는 운용사나 판매사의 몫이 아닌 만기까지 유지한 투자자들의 몫으로 분배되므로 가능한 한 만기까지 유지해 나간 다음 그 후 적정한 시점에서 환매를 하는 것이 고수익을 올리는 비결 중 하나라 할 수 있다. 따라서 목적기간을 고려하여 미리 만기가 언제인지 정확히 알고 난 후 펀드를 가입하는 것이 여러모로 유리하다.

또한 환매조건도 알아봐야 한다. 일단 유사시 급전이 필요해 환매를 신청했는데 돈을 제 날짜에 찾을 수 없다면 자칫 낭패를 볼 수 있다. 환매신청일 며칠째 영업일을 기준으로 환매금이 지급되는지 꼭 확인한다. 또 환매 자체가 힘든 펀드도 있으므로 가입 전 필히 확인한 후 선택한다. 아무리 펀드가 좋아도 환금성 확보가 쉽지 않으면 여유자금이 넉넉하지 않을 경우 무용지물이 될 수도 있기 때문이다.

### 12. 정확히 진단 후 과감히 리모델링한다

가입한 펀드수익률이 벤치마크 초과수익률을 지속적으로 내고 있다면 좋은 징조이다. 그러나 추적지수보다 하향 추세를 면치 못하게 수익률곡선이 이어진다면 이는 심각하다. 가입한 이후 현재 시점까지 투자수익률과 설정액 등을 따져본 후 앞으로 만회할 조짐이 보이지 않는다면 과감히 다른 펀드로 갈아타는 문제를 심도 깊게 검토해 본다. 실기하면 자칫 더 손해볼 수 있다. 조금 잃은 것이 더 많은 이익이 되어 돌아올 수 있다는 것이 투자의 생리임을 알고 빠져나올 때를 잘 포착하면서 지속적으로 관심을 갖고 현명하게 대처한다.

# 펀드기준가 설정방법과 변화 추이를 파악하라

### 펀드기준가 설정방법을 파악하라

펀드의 좌수는 펀드(변액보험은 특별계정) 설정 시 1원을 1좌로 하며 그 이후에는 매일(영업일 기준) 좌당 기준가격에 따라 좌 단위로 펀드로 이체 또는 인출된다. 펀드기준가는 투자자산의 가치를 나타내는 기준으로 해당 펀드 당일의 수익증권가격(특별계정 기준가격)을 말한다. 영업일 기준으로 전날까지의 펀드 운용결과가 반영된 펀드 순자산가치이다. 현 시점에서 가입한 펀드의 실제 가치를 의미하는 것으로 주식의 가격과 같은 개념이지만, 주가와 같이 수시로 바뀌는 것이 아니라 영업일 기준으로 매일 반영된다.

펀드의 좌당 기준가격은 최초 판매개시일(펀드설정일)에는 1,000좌당 1,000원을 기본으로 한다(100만 원으로 펀드기준가격이 1,000원인 펀드를 매입했다면 펀드매입좌수는 100만 좌수가 된다). 펀드 설정 이후 매월 정기적으로 펀드를 매입할 경우 운용실적이 반영되면서 매일 산정되는 좌당 기준가격에 따라 좌수 단위로 펀드기준가가 새롭게 형성된다. 즉, 펀드 개설 이후의 펀드기준가격은 신청 직전 영업일의 대차대조표상에 계상된 수익증권의 자산총액에서 부채총액을 차감한 금액인 순자산(NAV : net asset value)총액을 직전일의 수익증권 총좌수로 나누어 산출(당일 펀드의 순자산가치/펀드의 총좌수)하며, 1,000좌 단위로 원 미만 셋째 자리에서 사사오입하여 원 미만 둘째 자리까지 계산한다.

펀드기준가격은 펀드 내 투자종목인 주식, 채권, 파생상품, 실물자산 등 매입종목의 가격변동에 따라 매일 변한다. 펀드기준가격이 높다는 것은 기존 투자자에게는 이미 투자수익이 나고 있음을 의미하고, 반대로 신규 투자자에게는 비싼 값으로 펀드지분을 매입한다는 것을 뜻한다. 즉, 펀드의 기준가격은 맨 처음 펀드투자 시에는 얼마만큼의 좌수를 살 수 있는지를 결정하지만, 투자를 시작한 이후부터는 얼마나 많은 투자수익을 내고 있는지를 정확하게 알려주는 투자지표이다.

### 펀드보유좌수는 결산 후 기준가 조정 시마다 다르다

한번 매입한 펀드좌수는 돈을 추가입금하거나 또는 인출(또는 대출)하지 않는 한 환매할 때까지 변하지 않는다. 단, 결산할 경우에는 예외이다. 통상 펀드 설정일 이후 1년마다 결산을 하면서 세금을 제외한 수익금을 펀드투자자들에게 골고루 분배하는데 이때 각 투자자별로 분배된 수익금만큼 펀드보유좌수가 자동으로 변한다.

이때 펀드기준가를 1,000원으로 조정하여 기준가가 1,000원보다 높을 경우 펀드보유좌수를 늘려주고, 기준가가 1,000원보다 낮을 경우에는 펀드보유좌수를 줄여서 기준가를 1,000원으로 맞춰 해당 펀드의 연간 세금을 계산하여 정산하고 투자자의 투자이익을 계산한다. 매입금액은 당월 투입금액을, 매입일 기준가는 펀드를 매입한 날짜의 펀드가격을, 매입일 좌수(매수좌수)는 당월 투입금액의 좌수를 말한다.

펀드기준가의 변동성 향방에 따라 투자수익의 규모가 결정되므로 늘 현재 시점에서의 펀드보유좌수와 펀드기준가를 살펴봐야 수익이 어느 정도 발생하고 있는지 알 수 있다. 펀드기준가는 운용사가 아닌 사무관리회사가 산정한다. 사무관리회사는 자산운용회사가 운용하는 자산의 순자산가치를 평가하고 각종 기록 등 펀드 관련 일반 사무업무를 처리한다. 펀드기준가 산정은 일반 사무관리회사가 투자신탁, 즉 수익증권(펀드)의 기준가격을 매일 산정하여 자산운용사에 통보하면 자산운용사는 산정된 기준가격을 자사 및 판매사의 홈페이지 또는 영업점에 게시하도록 신탁약관에 명문화되어 있다.

**투자 가이드**

## 펀드투자 시 현재 수익률 개념

변액보험은 가입 초기에는 해당 적립금액을 환매하더라도 본인에게 모두 귀속되지 않는다. 해약환급금과 실제로 올린 투자수익에 따른 적립금액과는 상당한 차이가 발생하는데 그 이유는 바로 사업비 상각기간의 이연 문제 때문이다. 펀드투자 시 현재 수익률의 개념은 변액보험이나 적립식펀드 모두 최초 펀드 설정일로부터 현재까지의 누적 수익률을 말한다.

## 펀드 매입 시기를 잘 선택해야 수익이 난다

펀드수익률을 올리려면 우선 펀드 매입 시기를 잘 선택해야 한다. 펀드기준가 반영일이 언제인지를 살펴보면서 매입하는 것이 중요하다. 펀드는 매일매일 기준가에 의해 수익률이 달라지므로 펀드 매입일의 기준가는 수익률제고와 밀접한 관련이 있다. 가급적 기준가가 낮은 날 매입하였다가 기준가가 높은 날 환매하는 것이 수익률 내는 데 가장 효과적인 펀드투자의 기본 정석이다. 기준가격은 전날까지의 펀드 운용결과가 반영된 펀드 순자산가치를 말하는데 기준가격에 기초해 매입할 수 있는 펀드좌수가 정해지기 때문에 기준가격 얼마로 펀드에 가입하고 지속적으로 매월 매입해 나가느냐에 따라 펀드수익률이 달라진다. 펀드 매입 신청일은 펀드 투자금액 입금일과 동일한 날짜이다.

### 주식편입비율 50% 이상인 펀드 매입 시

주식형펀드는 주식편입비율 및 매입 시점에 따라 기준가격이 달라진다. 주식편입비율(약관상 최대 주식편입비율)이 50% 이상인 펀드에 가입할 경우 15:00을 기준으로 하여 15시 이전에 입금할 경우에는 입금신청일로부터 제1 영업일을 기준으로 기준가를 반영한다. 즉, 주식시장 마감시간인 15시까지는 가입한 날의 종가를 기준으로 다음 날 공표되는 기준가격으로 펀드를 매입한다. 15시 이전에 펀드를 매입하면 매입신청 당일 날 주식시장의 결과가 반영된 익일 기준가로 반영되기 때문에 가급적 신청일 당일 기준가가 낮은 날, 즉 주식시장이 하락한 날 신청을 하면 펀드기준가가 낮아지므로 더 많은 좌수를 매입할 수 있어 수익률제고에 유리하다. 15시 이후 가입하면 이틀 후의 기준가격이 적용된다. 펀드를 가입한 이후의 펀드 매입 또한 15시 이후 매입신청 시 신청일 다음 다음 날(제2 영업일)의 기준가로 반영되어 이루어진다.

### 펀드 매입 시점에 따른 기준가 적용 시기

| 구분 | 시간대 | 펀드 매입 | 제1 영업일 | 제2 영업일 | 비고 |
|---|---|---|---|---|---|
| 주식편입 비율 50% 이상 시 | 09:30~15:00 | 신청일 (가입일 또는 매입금액 입금일) | 기준가 적용 (매입좌수 확정) | - | 공휴일 제외 |
| | 15:00~17:00 | | - | 기준가 적용 (매입좌수 확정) | |
| 주식편입 비율 50% 미만 시 | 09:30~17:00 | | 기준가 적용 (매입좌수 확정) | - | 채권형펀드, MMF 포함 |

### 주식편입비율 50% 미만인 펀드 매입 시

주식편입비율이 50% 미만인 펀드를 매입할 경우에는 입금신청일로부터 제1 영업일 17:00를 기준으로 하여 기준가를 반영한다. 즉, 17시 이전 매입하면 다음 날 기준가격이 적용된다. 17시 이후 매입할 때는 이틀 뒤의 기준가격이 적용되지만 판매사의 영업시간이 지나 대부분 가입 자체가 되지 않으므로 잘 살펴본다. 따라서 가급적 기준가가 낮은 시점에 펀드를 매입하는 것이 유리하므로 15시 이전에 주가가 가장 낮을 때를 포착하여 15시 이후에 가입하는 것이 바람직하다. 가입 시점에서 주가의 고저 문제를 판단하는 것은 투자자의 주관적인 기준이므로 전문가의 도움을 구해 신중히 선택한다.

**투자 가이드**

**펀드자산의 평가 및 운용**

펀드의 자산은 원칙적으로 시가법에 의해서 평가하여 펀드별로 구분 적용한다. 펀드자산의 평가 및 운용은 간접투자자산운용법 등에서 정한 방법에 따른다. 시가법은 해당 사업연도가 끝나는 날, 현재 그 자산을 취득하는 데 드는 시가에 준하는 공정가액법이다. 즉, 현재 시장에서 거래되는 가격이 시가로서 원가법과 반대되는 자산평가방법이다.

변액보험은 적립식펀드와 운용방법이 약간 다르다. 펀드 초기투자자금이 적을 경우 판매사는 특별계정의 원활한 운영을 위하여 일반계정에서 특별계정으로 자금을 이체하여 특별계정을 설정할 수 있는데 이 경우 초기투자자금의 규모는 일반계정 총자산의 1%와 100억 원 중 적은 금액을 최고 한도로 설정하여 운용하고, 그 후 특별계정 자산이 사업년도 말 기준으로 초기투자자금의 200%를 초과하는 경우에는 초기투자자금을 특별계정의 기준가격에 따라 6개월 이내에 일반계정으로 상환하도록 약관 등 관련법에 명시되어 있다.

## 자산운용보고서 통해 확인해야 할 것 10

자산운용보고서는 펀드의 운영 형태와 결과를 설명하는 보고서로서 펀드 실적을 보여주는 바로미터와 같다. 가입한 적립식펀드와 변액보험에 대한 궁금한 사항이나 관련지식의 습득은 펀드 실적의 거울과도 같은 자산운용보고서에 기재되어 있는 내용을 완전히 이해하면 알 수 있다.

자산운용보고서는 간접투자자산운용업법(제121조 및 동법 시행령 제100조 규정)에 따라 펀드를 운용하는 자산운용회사가 작성한 후 펀드자금을 관리하는 수탁관리회사의 확인을 얻은 뒤 맨 처음 판매하고 투자자로부터 매월 납입금액을 받으면서 계약의 유지·관리를 맡은 판매사를 통해 가입자들에게 제공된다. 자산운용보고서에는 자신이 가입한 펀드의 최근 3개월간 발생한 모든 내용들이 속속들이 기재되어 있다. 현재의 실적뿐만 아니라 앞으로의 투자흐름도 어느 정도는 가늠해 볼 수 있는 소중한 자료이다. 이를 통해 투자자가 맡긴 돈이 어떻게 운용되고 어떤 실적을 창출해 내고 있는지 자세히 알 수 있다.

### 1. 자산보유 및 운용 현황을 잘 살펴본다

투자주식의 종목별 보유수량과 취득가격, 평가액, 평가손익을 보고 건전성 여부를 판단한다. 투자대상 채권의 액면가액과 평가액, 보증기간, 신용등급, 발행일과 상환일 등을 살펴보면 자산보유 및 운용 현황을 통해서 가입한 펀드가 어떤 종목을 사고 각 종목별로 얼마나 수익을 냈는지 일목요연하게 확인할 수 있다. 이때 투자하고 있는 주식종목에 대해 체크하면서 나름대로 해당 종목들의 향후 주가 변화 추이를 예상해 보고 마음에 들지 않을 경우 적극적으로 해당 사에 연락해 궁금증과 의문점을 자세히 알아보는 자세가 필요하다.

### 2. 펀드잔존좌수의 변화 추이를 살펴본다

펀드 운용성과를 비교하려면 벤치마크수익률뿐만 아니라 펀드의 설정잔고 추이도 살펴본다. 펀드 설정잔고는 매일매일 변화하는데 자신이 투자한 적립식펀드 설정잔고가 높거나 계속 늘어난다면 운용사에서도 잘 운용될 것이다. 반대로 투자자들이 계속 환매해 설정잔고가 줄어드는 펀드라면 운용사에서도 제대로 운용을 할 수가 없을 것이므로 적정한 수익률을 내기 힘들게 된다. 따라서 펀드의 잔존좌수가 순증하고 있어야 한다. 만약 줄어들고 있다면 그 원인을 문의해 알아두는 것이 좋다.

### 3. 지난 분기의 매매회전율과 비교·분석한다

매매회전율은 펀드 운용기간 중 매도한 주식총액을 같은 기간 중 펀드가 보유한 주식평균가액으로 나눈 비율로서 펀드 매수와 매입 수량 및 금액에 따라 산출한다. 매매회전율을 통해 펀드변동성이 얼마나 이루어졌는지 알 수 있다. 전 분기보다 매매회전율이 높은데도 불구하고 수익률이 답보 상태라 한다면 운용수익을 위해 불가피하게 선택한 주식매매의 성과가 오히려 투자자에게는 증권거래세 등 불필요한 비용을 추가로 부담시키는 요인으로 작용했을 수 있다. 매매회전율이 높으면 펀드 운용비용이 늘어나 투자자에게는 손해가 발생하게 된다.

### 4. 기간별 펀드 운용의 성과와 수익구조를 살핀다

기간별 운용성과는 최근 3개월 동안 수익률의 변화 추이와 더불어 6개월간, 1년간 그리고 펀드설정일 이후의 누적수익률과 연환산수익률 등을 분석해 보여주고 있다. 이를 통해 현재 펀드의 투자수익률이 지난 분기와 대조해 볼 때 어떻게 변하였는지 한눈에 파악할 수 있어 펀드관리 시 매우 유리하다. 만약 기간별 운용성과에 심한 편차를 보인다면 문제가 있는 펀드라 볼 수 있으므로 그 원인이 무엇인지 해당 사에 문의하여 점검해 볼 필요가 있다.

운용보고서의 투자수익률은 1개월 전부터 그 앞전 3개월 이전 치이므로 최근 발생한 펀드투자수익률을 알아보고 싶다면 해당 사에 직접 문의하도록 한다.

### 5. 펀드의 손익구조 현황을 살펴본다

손익 현황은 펀드가 보유하고 있는 자산에 대해 투자항목별로 평가손익과 처분손익에 대해 자세히 명시하고 있다. 이를 통해 지난 3개월간 펀드 손익 및 보유하고 있는 자산의 평가손익분과 매매를 통한 손익의 규모를 파악할 수 있다. 주식과 채권 등 투자증권을 어떻게 처분하여 손익을 남겼는지를 집중 확인한다. 특히 전분기 대비 당기 손실을 많이 봤다면 당연히 투자수익률은 지난 분기보다 악화되게 나타날 것이다. 그리고 장내·외 파생상품, 부동산, 실물자산, 특별자산, 간접투자증권 등에 얼마나 투자되었고 이는 펀드 투자수익에 어떤 영향을 미치고 있는지도 파악하는 학습효과를 누릴 줄 알아야 한다.

### 6. 벤치마크수익률의 변화 추이를 확인한다

벤치마크수익률 변화 추이를 그래프를 통해 보면서 해당 펀드가 추적하는 지수와 어떤 형태를 띠면서 지난 3개월간 변화했는지를 관찰한다. 특히 주식편입비율이 높은 펀드는 KOSPI 지수와 비교해 보아야 한다. 벤치마크수익률이 KOSPI 지수보다 더 높게 형성되고 있어야만 BM초과수익률이 발생하는 것이므로 이는 매우 중요하다. BM초과수익률이 발생해야만 좋은 펀드라 할 수 있기 때문이다. 벤치마크수익률이 들쑥날쑥하지 않고 지속적으로 상승곡선을 이어 나가야 안정적이다.

### 7. 보수지급 현황과 보수비용비율을 확인한다

보수지급 현황의 전 분기 대비 당기 지급 현황을 통해 펀드가 얼마만큼 평가금액이 늘어났는지 알 수 있다. 펀드수수료(보수지급금액)의 규모가 커져야만 펀드평가금액이 그만큼 커지고 있음을 반증해 준다. 이를 통해 운용보수와 수탁보수, 사무관리보수, 판매보수, 감사보수 등 제반 지출비용의 비율과 크기를 알 수 있다. 총보수비용비율(TER : Total Expense Ratio)은 펀드에서 반복적으로 지출된 보수 및 비용을 평균잔액으로 나눈 비율이다. 총보수비용비율은 연환산으로 계산하여 기재하는데 해당 펀드의 연평균수수료보다 총보수비용비율이 더 크게 나타난다. 이는 펀드수수료를 제외하고 주식의 매매회전율에 따르는 거래비용이 추가로 더 들어가기 때문이다. 전기 비율과 당기 비율을 비교하여 당기 비율이 높게 형성되었다면 그만큼 매매회전율이 높았던 것이다.

### 8. 운용전문인력 현황을 꼼꼼히 살펴본다

운용전문인력(Registered Fund Manager) 현황 항목에는 해당 펀드의 운용을 총책임지고 있는 펀드매니저들에 대한 약력이 기재되어 있다. 여기서 확인할 사항은 전 분기 또는 그간 간직해 놓았던 운용보고서를 끄집어내어 펀드매니저들의 신상에 변화가 있었는지를 살펴보는 일이다. 만약 당기에 펀드매니저가 바뀌었다면 바뀌기 전과 비교해 펀드 운용과 수익률 변화에 어떤 영향을 가져왔는지 펀드 운용성과와 손익구조를 보면 알 수 있다. 일반적으로 펀드매니저가 자주 교체되는 펀드의 운용성과는 펀드 운용에 대한 메커니즘의 일관성 결여로 안정성이 떨어져 나쁜 결과를 가져올 수 있다.

### 9. 주식과 파생상품의 거래내역과 수수료를 체크한다

판매수수료는 맨 처음부터 신탁약관에 명시된 고정된 비용이지만 매매수수료는 유동적인 비용이다. 주식과 장내외의 파생상품을 사고팔 때마다 적립금(펀드평가금액)에서 빠져나가는데 일반적으로 주식의 매매수수료는 주식매매금액의 약 0.1% 정도이다. 파생상품(Financial Derivatives)은 선물거래소에서 거래되는 ELW(Equity Linked Warrant : 주식워런트증권), KOSPI 200 선물옵션, 국고채선물, 달러선물 등 선물이나 옵션의 거래를 말한다. 이들 매매수수료는 자산운용보고서의 중개회사별 매월 거래금액, 수수료 비중 등 거래실적 항목을 보면 자세히 알 수 있다.

매매회전율이 높으면 높을수록 매매수수료는 비례하여 증가하기 때문에 매매수수료가 많으면 주식과 장내파생상품을 많이 사고 팔았다는 것이므로 당기 손·이익이 긍정적인 방향으로 나타나야 한다. 만약 부정적인 방향으로 나타났다면 잦은 매매로 인해 비용만 지출되고 실속은 없는 속 빈 강정 같은 모양새가 될 수 있다.

### 10. 자산운용보고서를 통해 투자방향과 전략을 재수립한다

펀드운용보고서는 법적으로 투자자에게 공시해야 하는 사항이나 양이 많고 실제로 투자자가 모든 것을 읽기 어려워 요약된 운용보고서를 인터넷 사이트상에 게시하는 운용회사가 많다. 이메일로 받으면 장기간 보관하면서 그때마다 펀드흐름을 분석하고 관리하기 용이하다. 해당 사 홈페이지를 방문하여 '해당 기관 사이버창구 → 고객정보 변경 → 펀드보고서 제공방법 변경 → 해당 사 콜센터 변경 신청' 등의 철자를 거치면 된다.

자산운용보고서는 이메일로 편리하게 받아볼 수 있지만 내용을 종합적으로 살펴보면서 궁금한 점을 알아보기 위해서는 직접 우송 방법을 선택하는 것이 좋다. 자산운용보고서를 받아보지 못하였다면 판매사에 전화하여 보내 달라고 요청을 하고, 다음 분기부터 받아 살펴보면서 투자방향과 전략을 재수립한다. 당연하게 주어지는 권리를 먼저 누릴 줄 아는 사람이 현명한 사람이며 그런 투자자들이 펀드로 성공한다.

## 환매 시점에 유의하라

펀드투자로 수익률을 많이 내는 방법은 무엇일까? 투자자들이 가장 크게 바라는 것은 한 푼이라도 더 투자수익을 올리는 것이다. 그렇다면 아래 질문내용 중 몇 번을 선택해야 경제성의 원칙에 비추어 볼 때 펀드수익률이 가장 높게 나타날까?

1. 펀드수수료가 저렴한 펀드를 선택한다.
2. 현재 수익률이 높은 펀드를 가입한다.
3. 고수익을 실현해 주는 고위험펀드를 가입한다.
4. 주가가 하락했을 때 펀드를 추가로 매입한다.
5. 환매 시점을 잘 포착하여 최적의 시기에 환매한다.

모두 투자수익률을 제고시키는 데 매우 중요한 요소인데 이 중 펀드수익률이 가장 높은 것은 (5)이다. 아무리 수익률이 높아도 환매 시점에서 기준가가 바닥을 치면 무용지물이고, 보유좌수가 많아도 펀드기준가가 낮으면 그만큼 손해를 보기 때문이다. 적립식투자의 수익률은 평균매입단가의 하락 효과보다 투자종료 시점에서 주가상승으로 인한 차익실현 효과가 더욱 중요하다. 펀드는 살 때보다 환매 시점이 더 중요하다. 환매하기 전의 평가금액은 제아무리 높다 해도 단지 숫자일 뿐 아무런 가치도 없다.

워런 버핏이 "펀드를 가입하는 것은 중장기적으로 자신이 목표로 했던 기대수익률을 더 많이 올리기 위한 재테크 수단이므로 그 기대치에 접근하는 근사치의 수익률을 올리게 되면 과감하게 환매할 줄 알아야 한다"고 말했듯 벤치마크 추적지수 사이클의 고점이 언제인가를 늘 예의 주시하면서 고점 수준에서 적기 환매하는 것이 고수익을 올리는 필수전략이다. 환매 시에는 독단적으로 결정하지 말고 반드시 전문가의 도움을 받아 환매 여부를 결정하는 것이 제일 현명한 처신임을 유념한다.

### 적당한 시점에서 환매 후 재가입한다

적립식펀드와 변액보험으로 수익을 내려면 환매할 때 주가가 펀드 가입 시보다 어느 일정 기간 떨어졌다가도 다시 올라서 적어도 비슷하거나 높아야 한다. 가입 초기부터 펀드기준가의 변동 폭에 너무 연연하면 안 된다. 적립식펀드는 최소한 3년 정도는 내다보면서 적합한 시점에서 이익이 발생하였을 때 환매한 후 재가입하는 것이 바람직하다. 운용수수료가 너무 많이 들어가기 때문이다. 똑같은 수익률을 내도 가입기간이 길면 길수록 펀드수수료로 떼는 돈이 더 많아져서 실질적인 이익이 덜 나게 된다. 매월 납입하는 돈에서 떼는 것이 아니라 펀드평가금액에서 떼어가므로 목표수익률을 어느 정도 달성했다면 환매 시점을 잘 포착해 환매 후 재가입하는 편이 더 낫다. 변액보험은 보험차익과세가 면제되는 10년 이상 경과된 이후에 목적자금마련 시기를 고려하면서 적당한 시점에서 해지하는 것이 좋다.

### 환매신청일과 기준가 적용 시점 상이

환매(해지)할 경우 환매금액(적립금액)의 크기를 좌우하는 펀드기준가 반영일이 적립식펀드와 변액보험은 서로 다르게 적용된다. 적립식펀드는 기준가 적용일이 대부분 '환매요청일+제1~3영업일'이 된다. 변액보험의 펀드기준가 적용일은 제1영업일이다. 즉, 익일 종가를 기준으로 익익일(2영업일) 기준가를 반영한다. 이와 같이 기준가 반영일이 환매 시점과 다른데 이는 주가의 흐름에 따라 펀드매입기준가가 각기 달라 수익률 편차가 심하게 나타나는 주식형펀드의 경우 환매 시점에서의 투자수익률 제고에 상당히 많은 변수로 작용하게 된다. 펀드는 마지막 환매 시점에서의 펀드기준가격이 어떻게 변하는지 그 변화 폭에 따라 최종 수익률이 결정된다.

### 환매 시점에 따라 환매대금 지급일자 상이

환매 시점에 따른 환매대금일자는 약관에 나와 있는데 주식편입비율 50% 이상 펀드는 장 마감 후 거래방식인 레이트 트레이딩(Late Trading) 제도에 따라 당일 15시 이전에 환매를 신청하면 다음 날 기준가격을 적용받아 제4영업일에, 15시 이후에 환매신청 시에는 신청일 5영업일째에 환매대금을 받을 수 있다.

주식편입비율이 50% 미만인 펀드는 17시 이전에 환매신청해도 당일 기준가격을 적용받아 환매신청일 이후 제3영업일에 환매대금이 지급된다. 채권형펀드는 17시 이전 환매신청하면 이틀 후 제2영업일 기준가격 적용과 함께 대금도 나온다. MMF형은 익일 환매제 시행에 따라 법인은 물론 개인투자자들도 당일 환매신청하면 익일의 펀드기준가를 반영하므로 그 다음 날 환매대금을 지급받을 수 있다. 해외펀드는 보통 5영업일 이상으로 국내펀드보다 길다.

변액보험은 환매(해약)할 경우 환매신청일 이틀 후 제2영업일에 해약환급금이 지급된다. 이 경우 해약 당일(신청일)의 시점(시간)과 상관없이 익일 종가로 계산된 기준가, 즉 2영업일 펀드기준가를 적용하여 해약환급금(환매대금)이 지급된다. 주식형펀드나 인덱스형펀드를 선택했을 때 해약신청일에 주가가 높은 것보다 그 다음 날 종가가 높아야만 해약금이 더 많다.

따라서 적립식펀드와 변액보험을 환매할 경우에는 반드시 해당 약관을 자세히 살펴보고 난 후 환매원칙과 전략을 세우고 환매 시점 전후의 펀드기준가를 유심히 살펴 적기에 환매하는 자세가 필요하다. 펀드투자를 할 때에는 자신이 가입한 펀드가 어떤 환매 규정의 적용을 받는지 미리 파악하고, 반드시 환매 시기를 잘 포착하여 적절한 시점에서 환매해야 고수익을 올릴 수 있다는 사실을 명심하자.

## 펀드 세금내역 알아야 **돈이 모인다**

펀드수익을 내기 위해 환매 시 반드시 유념할 사항은 세금문제이다. 펀드에 대한 세금 부과는 단순히 이익금 전체를 대상으로 하는 것이 아니라 별도로 산출되는 과표기준가에 따라 부과되는데 정확히 알아야 환매 시 손해를 보지 않는다. 펀드 가입자는 투자수익금인 금융소득에 대해 세금을 내는데 이때 펀드수익금 중 주식매매차익을 공제한 나머지 채권매매차익과 채권의 이자소득 및 주식의 배당소득에 대해 일반과세율 또는 세금우대율을 적용하여 부과한다. 주가하락으로 투자손실이 발생하더라도 주식의 배당수익 또는 펀드보유자산에 발생한 배당이익과 채권투자로 인해 이자수익이 발생하였다면 그에 합당한 세금을 납입해야 한다.

국내펀드의 경우 주식매매에 의한 투자수익(양도차익)은 경과기간에 관계없이 전액 과세대상 소득에서 제외된다. 단, 퇴직연금과 개인연금펀드 등 연금형 펀드상품들에 대해서는 주식매매차익에 대해 과세한다. 주식형펀드라도 주식에서 발생하는 배당소득,

채권에서 발생하는 양도차익과 이자소득에 대해서는 과표기준가를 적용하여 일반과세로 원천징수한다. 펀드투자로 발생한 이익이 100만 원이라 할 때 주식매매를 통해 발생한 이익이 90만 원이고 기타 채권의 이자소득이나 배당소득에 의해 발생한 이익이 10만 원이라고 한다면 90만 원에 대해서는 비과세하고 과세기준가에 해당하는 부분의 이익금인 10만 원에 대해서는 이자소득세의 일반과세율을 적용하여 원천징수한다.

절세형 펀드상품은 발생소득에 대해서 조세특례제한법에 의거 비과세 또는 세금우대가 적용된다. 연금저축펀드는 펀드수익에 대해 5.5%의 낮은 세율을 적용, 세금우대 혜택을 부여해 주는 대신 해지할 경우에는 높은 해지수수료를 물어야 한다. 세금우대펀드는 세금우대 혜택을 적용(9.5%)하여 별도 과세한다. ISA계좌로 운용되는 펀드는 발생한 수익에 대하여 5년간 200만 원까지는 비과세하고, 200만 원 초과분은 9.9% 분리과세를 적용한다. 변액보험은 10년 이상 유지 시 보험차익 전부에 대해서 비과세 혜택이 주어진다. 단, 10년 미만 유지 후 해지할 경우에는 이자소득세에 대해 정상 과세한다.

해외펀드 중 국내 운용사가 국내법에 따라 만들어 운용하는 역내펀드는 주식형펀드와 마찬가지로 매매차익과 평가차익, 환차익에 대해서는 비과세(단, 1인당 3,000만 원까지 10년간 비과세)하고, 배당소득, 이자소득에 대해서만 정상 과세한다. 해외 법의 적용을 받는 역외펀드는 정상 과세한다.

펀드투자 시 절세제도를 활용하여 절세상품을 가입하는 것이 재테크 듀레이션을 단축시키는 효과적인 방법이므로 어떤 절세펀드가 있는지 눈여겨보는 자세가 필요하다. 재테크도 중요하지만 세테크도 매우 중요하다.

### 펀드에서 발생하는 소득과 세금 부과 대상

| 구분 | 부과 대상 | 소득 내용 | 세금 부과 | 부과방법 | 비고 |
|---|---|---|---|---|---|
| 국내펀드 | 매매차익 | 펀드 내 보유주식의 매매로 인한 양도차익 | 대상 제외 | 비과세 | 평가차익 비과세 |
| | | 펀드 내 보유채권의 매매로 인한 양도차익 | 부과 대상 | 정상과세 | |
| | 배당소득 | 펀드 내 보유주식에서 발생하는 배당금 | 부과 대상 | 정상 과세 | 펀드 내 종목배분비율에 따라 주식과 채권 부분 세금 분리 계산하여 과세 |
| | 이자소득 | 펀드 내 보유채권에서 발생하는 이자수익 | 부과 대상 | 정상 과세 | |
| 해외펀드 | 매매차익 | 역내펀드 내 해외주식의 매매로 인한 양도차익 | 대상 제외 (역외펀드는 정상 과세) | 10년간 비과세 | 평가차익, 환차익도 비과세 |
| | 배당소득 | 펀드 내 보유주식에서 발생하는 배당금 | 부과 대상 | 정상 과세 | |
| | 이자소득 | 펀드 내 보유채권에서 발생하는 이자수익 | 부과 대상 | 정상 과세 | 배당수익으로 간주, 세금 부과 |

펀드에 대한 과세는 펀드를 환매할 경우와 펀드를 결산할 때 이루어진다. 펀드를 환매하면 환매수수료와 증권거래세 등 각종 세금을 내야 한다. 세금의 원천징수 의무자인 펀드판매사는 투자자가 펀드에서 자금을 인출(환매, 해지)할 때 또는 인출 전일 경우에는 펀드 결산 시점에서 발생한 금융소득에 대해 원천징수한다.

이때 수익금 전체에 대해서 세금을 납부하는 것이 아니라 과표로 잡을 수 있는 이익에 대해서만 세금을 내므로 일반 기준가와 함께 매일 발표되는 이자소득세와 배당소득세를 계산하는 기준이 되는 과표기준가를 기준으로 해서 세금을 납부하면 된다. 투자한 펀드의 매매차익(이자, 배당소득 포함)이 4,000만 원 이상일 경우에는 그 초과금액은 금융소득종합과세 대상에 포함, 다른 소득과 합산하여 종합과세 소득세율 구간별 과세기준에 따라 별도 과세가 이루어진다.

**투자 가이드**

**과표기준가**

펀드투자로 이익이 발생하지 않아도 입금 시 과표기준가와 출금 시 과표기준가의 차이에 따라 세금을 부과한다. 과표기준가란 세금을 산정하기 위한 기준가를 말한다. 세금 부과에서는 해당 펀드의 이익 발생 여부를 따지지 않는다. 주식매매차익은 펀드에 부과하는 과세 대상에 포함되지 않으므로 펀드에서 발생되는 모든 수익이 포함되어 있는 기준가격과는 달리 세금을 부과하기 위한 기준가격을 하나 더 만든 것이 바로 펀드의 이자, 배당소득세를 계산하는 기준이 되는 과표기준가이다. MMF 및 채권형펀드, 해외펀드는 이자소득 및 시세차익에 대해서도 과세하기 때문에 펀드기준가와 과표기준가가 같다. 그러나 주식형펀드는 주식매매차익에 대해 과세를 하지 않으므로 펀드기준가와 과표기준가 간에 차이가 발생하므로 해당 결산일에 과표기준가격의 수익에 대해서는 세금을 내야 한다.

# 펀드투자 시 반드시 주의할 점 13

적립식펀드가 언제나 수익을 창출시켜 주지는 못한다. 만기가 될 때까지 높은 수익을 올려주면 좋겠지만 박스권 장세에서는 자칫 손해를 볼 수도 있으므로 조심해야 한다. 투자수익률을 좇되 지나치게 얽매이지 말고 펀드의 운용 내용을 수시로 살피면서 위험도를 따져보고, 수수료 등 지출비용을 비교·검토해 보면서 펀드를 선택하는 지혜를 발휘한다.

## 1. 펀드투자에 대한 모든 책임은 투자자에게 돌아온다

펀드투자를 할 경우 그에 따르는 모든 책임에 대한 귀책사유는 투자자 본인에게 있다는 사실을 명심한다. 저축과 투자를 하는 기본 이유인 수익률제고에 대한 책임소재가 판매사나 운용사에 있는 것이 아니라 투자자 자신에게 있다는 사실이다. 은행예금상품과 같이 원금과 함께 일정 수준의 이자를 보장해 주지 않기 때문에 최악의 경우 원금과 이자 모두 손실을 입을 수 있다.

## 2. 투자손실은 언제나 발생할 수 있다

적립식펀드는 주식과 채권 및 선물(Future), 스왑(Swaps), 옵션(Option), 선도(Forwards) 등 장·내외 파생상품(Financial Derivatives)과 실물자산 등에 투자하는 어디까지나 투자형 실적배당상품이다. 주로 주식과 같은 위험자산에 투자해 성과를 이루는 상품이므로 투자수익률을 예측하기 어렵다. 분산투자로 위험을 낮춘다 하더라도 유가증권 변동성에 따라 수익률곡선이 평탄화될 수 있어 항상 높은 수익률이 보장되지는 않는다. 주가지수에 의해 수익률이 정해지기 때문에 환매 시점에 주가가 상승하지 못하면 평가이익이 기대치를 밑돌 위험성이 상존한다. 코스트 에버리징 효과를 본다 해도 장기적으로 가입 초기에 박스권 상단을 상향 돌파하지 못하면 시장수익률을 상회하는 고수익을 실현하기 힘들 수 있다. 실적배당상품의 특성상 시장변동성에 따라 고수익의 실현 가능성만큼 손실위험 또한 클 수 있다는 사실을 간과해선 안 된다.

## 3. 단기목적자금마련 방법으로는 부적합하다

단기투자로는 위험자산의 프리미엄을 얻기 어렵다. 장기투자를 해야 위험에 비례하는 높은 프리미엄을 얻을 수 있다. 적립식펀드의 투자수익률은 주식과 채권의 움직임에 따라 결정되기 때문에 단기간에는 손실이 발생할 개연성이 높다. 적립식투자방식은 최소 2년 이상의 중기투자를 통해 위험자산의 높은 프리미엄을 충분하게 얻기 위한 투자전략이므로 1~2년 이내에 반드시 필요한 단기자금을 마련하기 위해 선택하는 것이라면 펀드 선택에 신중을 기한다. 시장 움직임에 너무 민감하게 반응하여 환매를 서두르다 보면 수익률은 저조해지고 수수료 부담만 늘게 되어 투자손실을 가져오는 우를 범할 수 있다. 펀드투자를 하려면 펀드투자의 목적과 투자기간을 미리 확실하게 정하고 난 다음 이에 따라 여유자금을 운용해 나가는 투자전략을 추진해 나가야 한다.

### 4. 투자기간의 신축성 유지가 어렵다

단기를 목적으로 투자했는데 계속된 주가하락으로 필요 시점에 환매하지 못하여 자금 활용에 일정한 제약을 받을 수 있다. 장기간 가격이 하락하게 되거나 상승할 때 충분하게 상승하지 못하면 목적자금마련에 실패할 수 있기 때문이다. 따라서 어느 정도 여유자금을 가지고 운용해 나가야만 목적자금마련에 대한 소기의 성과를 달성할 수 있다.

### 5. 투자수익률과 위험도를 비교·분석하면서 체크한다

투자수익률을 좇되 지나치게 얽매이지 말고, 운용 내용을 살펴 위험도를 따져보며 수수료, 사업비, 환매조건 등 지출되는 비용을 비교해 본다. 그리고 가입하려는 펀드가 주식과 채권의 투자비율은 어떠한지, 어떤 기업의 주식을 사서 운용하고 있는지 등의 자산보유내역을 요청해 파악해 보도록 한다. 자산보유내역, 펀드의 투자수익률과 위험관리지표 들을 알아보고 난 후 전문가의 조언을 구하고 펀드를 선택하는 것이 바람직하다.

### 6. 상승장에서는 거치식투자보다 수익률이 낮을 수 있다

적립식펀드의 투자는 여러 시점에 걸쳐 나눠 투자하는 정액투자 방식이므로 상승장에서는 거치식펀드보다 수익률이 낮은 편이다. 그러나 하락장에서는 거치식펀드보다 위험손실의 폭이 훨씬 작다. 적립식펀드는 환매 시점의 주가가 가입 시점의 주가보다 낮을지라도 일정한 수익률이 나오지만, 거치식펀드는 환매 시점의 주가가 가입 시점의 주가보다 낮다면 원금손실의 우려가 있다. 단기투자가 아닌 장기투자를 해야 코스트 애버리징 효과 발생으로 인해 주가의 변동성에 슬기롭게 대처할 수 있다.

### 7. 한번 가입하면 펀드기준가 하락 시 대처방법이 없다

대부분의 적립식펀드는 펀드변경 곤란으로 투자리스크 헤지 방법이 없다. 변액보험과 같이 엄브렐러형이 아닌 관계로 중도에 펀드전환이 곤란하다. 주가하락 시 주식형펀드에서 채권형펀드로 갈아탈 수 있는 펀드변경 기능이 없어서 위험손실을 최소화할 뾰족한 방책이 없다. 따라서 처음부터 신중하게 자신의 투자성향과 목적을 감안하여 펀드를 선택한다. 변액보험은 펀드변경 등 다양한 자산운용 옵션을 활용하여 펀드변동성에 따른 리스크를 회피할 수 있는 방법도 마련되어 있다.

### 8. 추가매입 및 펀드변경은 직접투자의 원리가 적용된다

간접투자상품인 적립식펀드를 가입하는 것은 운용전문가에게 일임하여 비용을 지불하는 대가로 보다 높은 수익을 얻기 위함이다. 하지만 펀드 가입 후 주가하락 시 펀드를 추가매입하거나 또는 펀드를 변경할 경우 그 의사는 100% 투자자 자신의 몫이다. 즉, 직접투자방식과 같이 스스로 추가매입과 펀드변경을 선택해 결정해야 한다. 비전문가인 투자자 스스로 결정해야 하는 위험부담이 있으므로 신중을 기해 행동에 나서야 한다. 변액보험에서 펀드별 편입비율 설정, 보험료 평균분할투자 기능, 펀드별 자산배분비율 자동 재조정, 지정적립금제도 등 자산운용 옵션을 선택할 경우 또한 마찬가지라는 사실을 반드시 유념한다.

### 9. 펀드수수료는 부정액후취방식으로 가입기간이 길수록 크다

단기투자할 경우 수수료의 후취 적용은 그리 큰 문제가 되지 않지만 장기투자할 경우 이는 수익률 제고에 매우 큰 걸림돌로 작용하게 된다. 적립식펀드의 수수료는 부정액후취(不定額後取)방식을 적용, 평가금액(연간평잔)에 비례하여 매일 공제한다. 매달 납입하는 월납금액에서 수수료를 떼는 것이 아니라 총 금액에서 공제하므로 펀드 납입금액이 크거나 수익률이 좋을 때는 그만큼 많은 수수료를 공제한다. 단, ISA 계좌의 펀드 수수료는 원금에 대한 수수료로서 투자이익 여부와 상관없이 매년 약정수수료를 부과한다.

펀드수수료 체계는 상품별로 또는 판매사마다 조금씩 다르다. 변액보험은 보험사마다 사업비의 편차가 심하므로 자신에게 적절한 펀드를 선택하지 않으면 필요 이상의 높은 비용을 지불할 수 있다.

### 10. 순행투자와 역행투자의 흐름을 파악한다

앙드레 코스톨라니(Andre Kostolany)가 "투자자가 성공하려면 남들과는 반대로 행동해야 한다"고 말했듯이 역발상투자전략도 필요하다. 역행투자는 펀드투자 성공을 위해 반드시 필요한 전략이다. 주가의 흐름을 쫓아가는 순행투자는 주가가 상승할 때 펀드투자를 하므로 단기적으로는 이익을 실현할 수 있지만 장기적으로 보다 높은 투자수익을 기대하기 곤란하다. 역행투자는 주가가 하락할 경우에도 펀드매입비용의 평균단가를 낮춰 높은 수익을 달성할 수 있다.

적립식펀드는 중장기상품이므로 시장의 트렌드에 맞춰 주가와 같은 방향으로 갈 때 투자하는 순행투자방식보다는 반대 방향으로 시장이 조성될 때 공격적으로 투자하는 역행투자방식이 유리한 상품이다. 즉, 주가가 떨어질 때 추가납입을 통해 펀드의 평균매입단가를 낮춰 위험회피와 동시에 펀드보유좌수를 늘려 나갈 수 있다. 단, 어느 시점에 주가가 하락하여 펀드기준가 또한 떨어지는가를 포착할 줄 아는 심미안과 지혜가 필요하다. 자칫 추가매입 시기를 놓치면 더 큰 손실을 볼 우려가 있다.

### 11. 장기투자 시 한계가 있으므로 환매전략을 잘 세운다

적립식투자방식은 주식이나 채권에 직접투자를 하는 방식과는 달라서 장기투자를 하면 펀드수수료 후취 적용 문제로 완벽하게 고수익을 실현해 주지 못한다. 투자금액이 매월 분산되어 운용되기 때문에 주가가 장기에 걸쳐 오르더라도 평균매입가격 또한 높아져 거치식투자에 비해 고수익을 낼 수 없다. 장기투자할 경우 주가등락 현상이 계속 반복되어 투자수익률지표(연평균수익률)가 하향안정화 추세로 가기 때문이다. 또한 펀드수수료를 후취 적용하는 상품이 대다수이므로 장기투자 시 수익률에 매우 큰 걸림돌로 작용해 적립식펀드를 장기투자하기에는 한계가 있다. 따라서 펀드 케어를 실천해 나가야 한다. 목적자금의 필요 시기를 고려하여 항상 주가의 변동 추세를 살펴보고 추가매입을 고려하면서 목표기간 도래 시점에서는 최적기에 펀드의 환매전략을 적극적으로 강구해 나가는 투자전략이 필요하다.

### 12. 환매 시 패널티에 대해서 확실하게 알아둔다

대부분 가입한 지 90일이 되기 전에 환매하면 패널티(Penalty)를 부여하여 조기상환수수료를 징수당한다. 환매수수료 부과기간인 90일 내에 환매를 신청하면 투자 원금으로부터 수익금의 70%를 환매수수료로 내야 한다. 또한 가입 90일 이후 만기 이전 환매하면 이익금을 기준으로 90일 미만 이익금의 70%를 환매수수료로 내야 한다. 즉, 매월 펀드를 매입하는 매입 건별로 90일을 계산한 다음 합산하여 환매수수료를 부과한다. 이 경우 환매수수료 금액은 펀드 운용사마다 약간씩 다르므로 잘 살펴본다. 환매수수료는 운용사나 판매사의 몫이 아닌 만기까지 유지한 투자자들의 몫으로 분배되므로 가능한 한 만기까지 유지해 나간 다음 이후 적정한 시점에서 환매를 하는 것이 고수익을 올리는 비결 중 하나라 할 수 있다. 따라서 목적기간을 고려하여 미리 만기가 언제인지 정확히 알고 난 후에 펀드를 가입하는 것이 여러모로 유리하다.

또한 환매조건도 알아봐야 한다. 일단 유사시 급전이 필요해 환매를 신청했는데 돈을 제 날짜에 찾을 수 없다면 자칫 낭패를 볼 수 있다. 환매신청일 기준 제 며칠째 영업일을 기준으로 하여 환매금이 지급되는지 꼭 확인한다. 또 환매 자체가 힘든 펀드도 있으므로 가입 전 필히 확인한 후 선택한다. 아무리 펀드가 좋아도 환금성 확보가 쉽지 않으면 여유자금이 넉넉하지 않을 경우 무용지물이 될 수도 있다.

## 13. 수탁회사를 미리 살펴본다

펀드는 확정금리형 금융상품이 아닌 실적배당형 상품으로 금융사가 파산하였을 경우 정부에서 보호해 주는 예금자보호제도의 적용대상에서 제외된다. 즉, 펀드투자를 한 회사가 파산할 경우 5,000만 원 한도에서의 예금자보호도 받지 못한다. 단, 변액보험은 최저보장보험금지급기능이 있으므로 1인당 5,000만 원 한도까지 예금자보호가 된다. 따라서 특별계정을 위탁·판매하는 금융기관(수탁회사)이 튼튼해야 금융회사가 파산하더라도 내가 낸 보험료의 원금과 이자를 돌려받을 수 있다. 판매회사와 운용사도 중요하지만 수탁회사도 중요하므로 어디인지 미리 꼭 확인한다.

중앙경제평론사 Joongang Economy Publishing Co.
중앙생활사 | 중앙에듀북스 Joongang Life Publishing Co./Joongang Edubooks Publishing Co.

**중앙경제평론사**는 오늘보다 나은 내일을 창조한다는 신념 아래 설립된 경제 · 경영서 전문 출판사로서
성공을 꿈꾸는 직장인, 경영인에게 전문지식과 자기계발의 지혜를 주는 책을 발간하고 있습니다.

초보자도 성공하는 **펀드 재테크 100% 활용법**

초판 1쇄 발행 | 2017년 4월 20일
초판 3쇄 발행 | 2018년 7월 10일

지은이 | 김동범(DongBeom Kim)
펴낸이 | 최점옥(JeomOg Choi)
펴낸곳 | 중앙경제평론사(Joongang Economy Publishing Co.)

대　　표 | 김용주
책임편집 | 김미화
본문디자인 | Studio.mi

출력 | 케이피알 종이 | 한솔PNS 인쇄 | 케이피알 제본 | 은정제책사

잘못된 책은 구입한 서점에서 교환해드립니다.
가격은 표지 뒷면에 있습니다.

**ISBN 978-89-6054-186-3(03320)**

등록 | 1991년 4월 10일 제2-1153호
주소 | ㉾04590 서울시 중구 다산로20길 5(신당4동 340-128) 중앙빌딩
전화 | (02)2253-4463(代) 팩스 | (02)2253-7988
홈페이지 | www.japub.co.kr 블로그 | http://blog.naver.com/japub
페이스북 | https://www.facebook.com/japub.co.kr 이메일 | japub@naver.com
♣ 중앙경제평론사는 중앙생활사 · 중앙에듀북스와 자매회사입니다.



※ 이 도서의 국립중앙도서관 출판시도서목록(CIP)은 서지정보유통지원시스템 홈페이지(http://seoji.nl.go.kr)와
국가자료공동목록시스템(http://www.nl.go.kr/kolisnet)에서 이용하실 수 있습니다.(CIP제어번호: CIP2017007304)